読むだけで料理がうまくなる本

定番おかずの最適解、ここにあり！

樋口直哉

orangepage

なぜ？を知ることが、料理上手への近道

この本に収録されたレシピの多くは、雑誌『オレンジページ』の連載「口《くち》うるさいレシピ」が初出です。一つのレシピが雑誌に掲載されるまでには、試作が何度も行われ、複数の人の手が入ることで、だれでも作れる形になります。インターネットで調べればいくらでもレシピが見つかる時代でも、ていねいに作られたレシピはやはり特別なもの。こうした多くの人の思いがこめられたレシピに従えば、あまり考

◎揚げ油
油を2〜3分熱してから、乾いた菜箸の先を鍋底に当てて、その様子で判断します。
○低温（160〜165℃）…菜箸から細かい泡がゆっくり揺れながら出る。
○中温（170〜180℃）…菜箸からすぐに細かい泡がまっすぐ出る。

えずに料理ができます。一方、普通のレシピには「ある食材を（＝What）」「どのように（＝How）料理するか」ということは書かれていても、「なぜ（＝Why）この工程を踏まなければいけないのか」は教えてくれません。

そこでこの本では「なぜ」を詳しく解説することにしました。「なぜ」がわかると工程の意味がわかるので、他の料理を作るときにも応用できます。つまり「なぜ」がわかれば、料理が上手になるのです。

旅に出る前には行き方や行き先について下調べするでしょう。そうすれば旅先をより楽しめるからです。料理も同じで、あらかじめ作り方、工程の目的を頭に入れておけば、もっと料理を楽しめるようになります。この本を通じて、そんな料理の楽しさを感じていただけたらうれしいです。

樋口直哉

［**この本の表記**］

- 塩は粒子の細かいものを使っているため、小さじ1=6gが目安です
- 酒、みりんは食塩の入らない純米酒、本みりんを使用。しょうゆは特に記載がない場合、濃口しょうゆを使っています。
- フライパンは特に記載がない場合、直径26cmのものを使用しています。
- 電子レンジの加熱時間は600Wのものを基準にしています。500Wなら1.2倍、700Wなら0.8倍を目安に調整してください。なお、機種によって多少異なる場合があります。

CONTENTS

これだけはそろえておきたい道具

包丁・ペティナイフ・まな板

三徳包丁か牛刀1本に加え、小さめのペティナイフもあると便利。まな板は耐久性や刃当たりで好みのものを選んで。

木べら・菜箸・耐熱のゴムべら・フライ返し・おたま・トング

シリコーンのフライ返しやへら（ゴムべら）はフッ素樹脂加工のフライパンに便利。トングも肉を焼くときやパスタ作りなどにあるとよい。

フライパン・ふた

直径約26cmのものは2人分の主菜に、約20cmのものは副菜や卵料理に。フッ素樹脂加工でふたとセットのものが便利。この本では特に記載がない場合、直径26cmのものを使用。

両手鍋・片手鍋

口径20cm程度の煮込み用鍋のほか、ゆでるとき用の口径20cm以上の片手鍋、汁もの用の口径15cm程度の片手鍋があるとよい。

ボール

ボールは大（口径20〜22cm）、中（約18cm）、小（約12cm）3サイズを。レンジ調理用には口径20cm程度の耐熱のボールや耐熱皿も便利。

ざる

野菜や麺類の水きり、だしをこすときに。口径約20cmのものがあればOKだが、できれば大小サイズ違いでそろえたい。

計量のポイントも押さえておこう

計量のための道具ときちんと量るコツも、おいしく作る重要な要素。

計量カップ・計量スプーン・デジタルはかり

計量カップは200～250mℓのもの、計量スプーンは大さじ（15mℓ）、小さじ（5mℓ）があればOK。デジタルはかりがあると正確に計量ができ、失敗が少なくなる。

計量スプーンで量る

1杯

粉の場合は表面を平らにした「すりきり」、液体の場合はこぼれない程度になみなみと。

½杯

底の面積が小さいので半分よりやや上、⅔くらいの高さまで。液体も同じ。

⅓杯

底から半分くらいの高さまで。液体も同じ。

¼杯

半分よりやや下、底から⅓くらいまで。液体も同じ。

計量カップで量る

水平なところに置き、真横から目盛りを見る。

指で量る

ひとつまみ

小さじ⅙程度。親指と人さし指、中指の3本でつまむ。

少々

小さじ⅛程度。親指と人さし指2本でつまむ。

こんなふうに使ってほしい

この本では主要なメニューを解説➡レシピの順に1セットで掲載し、料理教室に通ったレベルの理解度をめざしています。

STEP 1

読んで「なぜ？ そうするか」を知る

料理の特徴やめざすおいしさとともに、「なぜ？」その作業をするのか、を説明しています。

理由を知って納得できれば、作業は格段に楽しくなり、仕上がりの味もぐんとレベルアップ。

おいしく仕上げるためのカギがここに。

STEP 2

プロセス写真でイメトレする

実際の調理の工程を、大きめの写真で解説。
食材の状態や流れをしっかりイメージできます。

おいしくするための大切なコツを写真にからめて紹介しています。

忘れてはいけない、重要な手順をアンダーラインで強調しています。

STEP 3

いざ実践！

PART

1

食べたい味にこそ、料理のコツが詰まってる

肉じゃが、ハンバーグ、から揚げなど、だれもが喜ぶ王道おかず。繰り返し作りつづけられている名作には、じつは料理がうまくなるための心得も凝縮されている。「食べたい味」と思うからこそ、作るモチベーションも上げやすい。まずは人気ものの攻略から始めよう。

これで差がつく！

鶏の照り焼き

最初にレモン汁をかけ、
煮つめたたれに加える！

なぜそうする？

香ばしく焼けた皮と、ふっくらとした身が魅力の鶏の照り焼き。そのためには、まず下味としてレモン汁をかけます。**レモンの酸で肉が柔らかくなり、保水力が上がってジューシーに**焼き上がるんです。

焼くときに重要なのは**皮がギュッと縮んでそり返るのを防ぐこと。**だいたい1kgくらいの重しをのせて焼けば、皮がのびたままの形で火が通り、加熱むらが減ります。あとは火加減。まずは中火で皮のコラーゲンを溶かし、皮をカリカリにします。反対に、身はふっくらさせたいので弱火で焼き、水分がとびすぎないように注意を。**たれをからめるときも、ある程度たれを煮つめてから鶏肉を加える**ことで、理想の照り焼きに近づけます。

最後に簡単なコツをひとつ。鶏肉の皮はすべりやすいので、皮目を下にして切れば、身と皮がはがれにくくなります。

肉を平らにして、
むらなく焼く。

作り方 1

重しをのせて焼く

フライパンにサラダ油大さじ1を入れて中火で1分ほど温め、鶏肉を皮目を下にして入れる。円形に切ったオーブン用シートをかぶせ、**水1ℓを入れた鍋をのせる。**

材料（2人分）

鶏もも肉……1枚（約300g）
〈下味〉
　レモン汁……小さじ1
　塩……ふたつまみ
〈照り焼きだれ〉
　砂糖、みりん、しょうゆ……各大さじ1
　酒……大さじ2
しし唐辛子……6本
サラダ油

下ごしらえ

➡鶏肉は余分な脂肪を取り除き、**身の面に下味の材料をかける。** 皮目を上にし、室温に30分ほど置く。

レモンの力でしっとりジューシーに。

➡しし唐はへたを切り、縦に1本切り込みを入れる。フライパンにサラダ油小さじ1を中火で熱し、しし唐を入れて焼き目がつくまで焼き、器に盛る。

作り方 2

両面を焼き、取り出す

肉のまわりが少し白くなるまで3分ほど焼き、鍋をはずす。皮目が色づくまでさらに2〜3分焼いて上下を返し、火を止めてフライパンの余分な脂を拭く。**再び弱火にかけて2分ほど焼き、**バットなどに取り出す。

作り方 3

たれを煮つめてからめる

たれをある程度煮つめてから鶏肉を入れて。

同じフライパンにたれの材料を入れて中火にかけ、**とろみがつくまで2分ほど煮つめる。**弱火にして鶏肉を皮目を上にして入れ、たれを回しかけながら3〜4分煮る。皮目を下にしてまな板にのせ、食べやすい大きさに切る。しし唐の器に盛り、フライパンに残ったたれをかける。

（1人分333kcal、塩分2.3g）

皮目を下にすると切りやすい。

これで差がつく！

ハンバーグ

玉ねぎは炒めずすりおろす、ひき肉はしっかり練らない！

なぜそうする？

これは究極の柔らかハンバーグをめざしたレシピです。そのためには、まず、ひき肉に牛乳をかけ、冷凍庫で10分ほど置いてしっかり保水するのが重要。次は玉ねぎ。プロ並みに細かいみじん切りにできればいいのですが、みじん切りが粗いと玉ねぎは肉と結着しないので、焼いているときに割れる原因になります。ではどうするかというと、**すりおろして生のまま使うのが簡単。**焼いているときにボロボロくずれませんし、玉ねぎの水分や酵素で、肉がより柔らかくなるんです。

また、ひき肉をしっかり練る必要もなし。½量を20回だけ練ればいいんです。肉は低温のときに粘りが出るため、**よく練るよりも、冷たい状態をキープすることが大事。**最初に冷凍庫に置くのもそのため。さらに、残りの半分は練らずにざっくりとまとめて、肉感を残すのもポイントです。

ハンバーグ

材料（２人分）

- 合いびき肉……200g
- 〈下味〉
  - 牛乳……大さじ2
  - 塩……2g（約小さじ⅓）
  - 砂糖……2g（約小さじ⅔）
- 〈たね用〉
  - 玉ねぎ……¼個
  - 生パン粉……10g
  - 粗びき黒こしょう……適宜
- 〈ソース〉
  - トマトケチャップ、みりん……各大さじ3
  - 中濃ソース……大さじ1
  - しょうゆ……小さじ1
- 好みのつけ合わせ（P17参照）……適宜
- サラダ油　酒

下ごしらえ

⇨ボールに**ひき肉と下味の材料を入れ、冷凍庫に10分ほど置く。**

ひき肉に牛乳をかけ、しっかり保水。

⇨玉ねぎをすりおろす。

作り方 1

たねを作り、成形する

たねは½量程度を20回だけ練ればOK。

ひき肉のボールにたね用の材料を加えてざっくりと2等分にし、**½量を20回練り、残りとかるく混ぜる。** 再び全体を2等分し、むらがなくなるまで両手でキャッチボールをするようにして、だ円形に成形（厚さ3cmが目安）し、**表面をなめらかにする。** 裏返したバットにラップをかけて並べる。

裏返したバットにのせたほうが、肉だねを取り出しやすい。

作り方 2 フライパンで焼く

フライパンにサラダ油小さじ1を中火で熱し、①を並べ入れる。焼き色がつくまで2分ほど焼いて上下を返す。**弱火にし、余分な脂を拭き取って**ふたをし、3分ほど蒸し焼きにする。酒小さじ1を加え、ふたをして中火にし、20秒ほど蒸し焼きにする。火を止め、そのまま3分ほど蒸らす。

作り方 3 ソースを作る

ハンバーグを好みのつけ合わせ（下記参照）とともに器に盛る。フライパンにソースの材料を入れて中火にかけて煮立たせ、ハンバーグにかける。
（1人分488kcal、塩分2.4g）

つけ合わせ

じゃがいも（小）2個（約200g）はしっかり洗い、水けを拭いて皮つきのままラップをせずに電子レンジで2分30秒加熱する。上下を返して2分30秒加熱し、ふきんで包んで5分ほど蒸らす。十字に切り目を入れ、葉を摘んだクレソン適宜を添える。

これで差がつく!

肉じゃが

そもそも煮込まなければ、煮くずれしない

なぜそうする？

突然ですが、水500㎖に塩60gを混ぜて塩水を作り、じゃがいもを入れてみてください。同じ重さでも、沈むものはでんぷんが多く、浮くものは少ない。この**でんぷんの多いじゃがいもを使うことで、味がしみたほくほくの肉じゃが**が作れます。

でんぷんの多いじゃがいもは煮くずれしやすいため、普通に作ると失敗しやすいのが難点。そこで、**電子レンジの出番**です。あらかじめ火を通しておけば、じっくり煮込む必要がなくなります。つまり、煮くずれすることもないのです。

その他にもポイントが2つ。**煮る前に調味料を炒めることと、余熱で味をしみ込ませること。**豚肉を炒めるときに調味料を加えて香ばしさを出すことで、こくが生まれます。ひと煮立ちさせたあとは余熱で火を通すだけ。じんわりと火が通り、長く煮込んだような味がしみた肉じゃがが完成します。

肉じゃが

材料（2〜3人分）

豚バラ薄切り肉……50g
じゃがいも（小）……4個（400〜500g）
玉ねぎ（小）……½個（約80g）
だし汁（P102参照）……2カップ
万能ねぎ……4本
ごま油　砂糖　しょうゆ

下ごしらえ

➡じゃがいもはよく洗い、口径約20cmの耐熱のボールに入れる。

➡玉ねぎは横に幅1cmに切る。

➡豚肉は長さ6〜7cmに切る。

作り方 1

じゃがいもを電子レンジで加熱する

レンジ加熱で
煮くずれ防止！

じゃがいものボールに**ペーパータオルをぬらしてかぶせ、ふんわりとラップをかけて**電子レンジで10分ほど加熱する。水にとってさましながら皮をむき、2〜4等分に切る。

包丁で
取っかかりを作ると、
皮がむきやすい。

調味料を先に煮立て、
こくを出す。

作り方 **2**

調味料を加える

鍋にごま油大さじ½を中火で熱し、玉ねぎ、豚肉を加えてさっと炒める。**砂糖大さじ3、しょうゆ大さじ2½を加えてひと煮立ちさせ**、だし汁を加えて混ぜる。

余熱放置で、
味しみしみに。

作り方 **3**

しっかりとさまし、温めなおす

じゃがいもを入れてひと煮立ちさせ、**火を止めてそのまま30分以上おく。** 万能ねぎを長さ5cmに切って加え、再び中火でひと煮立ちさせて器に盛る。

(⅓量で191kcal、塩分1.6g)

これで差がつく!

鶏のから揚げ

酒と水で水分を補い、三度揚げる

なぜそうする?

肉をジューシーに保ち、ころもをカリッとさせるには水分のコントロールが重要。まず、水分が抜けて肉がパサつくのを防ぐため、**あらかじめ水分を含ませておきましょう**。また、塩分にはたんぱく質の一部を変化させ、しっとりさせる働きがあるため、もみ込んで味をなじませる前に、漬ける必要があります。

今回は揚げたてを食べることを想定し、ころもにはカリッと仕上がる片栗粉を選びます。最近は二度揚げの作り方が主流になっていますが、**よりカリッとさせるなら三度揚げを**。加熱と余熱を繰り返してゆっくり火を通せば、柔らかな食感が保たれます。加熱後少しおいている間に**外側に移動した水分を、再度加熱して蒸発させる**ことで、カリッとしたころもになるのです。

また、ちょっとしたコツですが、皮をきちんと広げて肉を包むようにすると、皮が熱で縮み、丸くきれいな形になりますよ。

鶏のから揚げ

材料（2人分）

鶏もも肉……1枚（250〜300g）
〈下味〉
　にんにくのすりおろし……小さじ½
　しょうゆ、酒、水……各大さじ1
　砂糖……小さじ1
　こしょう……少々
パセリ、レモンのくし形切り
……各適宜
片栗粉　塩　サラダ油

下ごしらえ

➡ボールに下味の材料を混ぜる。鶏肉は3cm四方に切り、下味に加えてさっとからめ、**10分ほど漬ける。**

蒸発することを考え、水分を補う。

➡片栗粉80g、塩3g（約小さじ½）をバットに広げ入れる。

ころもにはカリッと仕上がる
片栗粉を。

作り方 1

片栗粉をまぶす

鶏肉に下味を手でよくもみ込み、水分を含ませる。**皮を広げて鶏肉を包むように丸く成形し、**片栗粉のバットに入れて全体にしっかりまぶし、ギュッと握る。

二度揚げは、
表面の水分を蒸発させるため。

作り方 2

二度揚げする

直径約20cmのフライパンにサラダ油を高さ2cmほど入れて中温（170〜180°C、P2参照）に熱する。鶏肉を入れ、返しながら**1分ほど揚げてバットなどに取り出し、2分ほどおく。再度1分ほど揚げ、2分ほどおく。**

作り方 3

強火で仕上げる

パセリを加えてさっと揚げ、油をきる。強火にして鶏肉を加え、**カリッとするまで返しながら10〜20秒揚げる。** 油をきって器に盛り、パセリ、レモンを添える。
（1人分411kcal、塩分2.1g）

これで差がつく！

豚汁

みそを最初に入れ、玉ねぎの水分で煮込む

なぜそうする？

豚汁は和風シチュー。何を入れてもOKですが、まずは豚肉、玉ねぎ、豆腐だけのシンプルな具で作ってみましょう。豚汁に欠かせない豚肉は、煮込んでもパサつかないバラ肉を使います。炒めて香りを出すレシピもありますが、炒めると堅くなったり鍋にくっついたりするので、火をつける前に煮汁の中でほぐすだけにします。

煮汁には、白みその代わりに、甘酒で手軽にうまみをプラス。みそは香りがとばないよう、最後に入れるのが一般的ですが、**一体感を出すためにあえて最初から入れて**煮込みます。

具材を重ねたら、混ぜずにそのまま煮込むだけ。素材どうしがぶつかってくずれてしまうのを防ぐため、混ぜるのは最後だけに。**玉ねぎと豆腐から水分が出て、素材のおいしさの詰まった豚汁**ができ上がります。玉ねぎの甘みが強いので、かんずり®やゆずこしょうなど辛い薬味とも相性がいいですよ。

豚汁

材料（4人分）

豚バラ薄切り肉……200g
玉ねぎ……2個（約400g）
木綿豆腐……½丁（約150g）
だし汁（P102参照、または水）
……1カップ
甘酒（原料が米麹のもの。
無加糖・ストレートタイプ）
……½カップ
あればかんずり®……適宜
みそ　しょうゆ

下ごしらえ

➡玉ねぎは幅1cmのくし形に切る（断面を上にして切ると形が均一になる）。

➡豆腐は端から4〜5等分に切る。

➡豚肉は長さ5cmに切る。

甘酒とみそがこくを生む。

作り方 1

煮汁を作る

口径約20cmの厚手の鍋にみそ40g、だし汁、甘酒を入れてみそを溶かし、豚肉を加えてほぐす。

豚肉は冷たい煮汁に入れ、ほぐしておく。

作り方 2

玉ねぎをのせて煮る

煮汁は最小限。
玉ねぎの水分で煮込む。

中火にかけて煮立て、弱火にして玉ねぎを全体に広げ入れる。ふたをして10分ほど煮る。

作り方 3

豆腐を煮込む

煮くずれしないよう、
豆腐はのせるだけ。

豆腐をのせてふたをし、さらに5分ほど煮込む。しょうゆ小さじ1を加えて味をととのえる。器に盛り、あればかんずり®を添える。

（1人分355㎉、塩分1.6g）

これで差がつく！

豚のしょうが焼き

しょうがは下味とたれの両方に入れる

なぜそうする？

しょうが焼きにはたれに漬けてから焼くタイプと、焼いてからたれをからめるタイプの2つがありますが、どちらにもよい点と悪い点が。そこでいいとこ取りの第3の作り方を紹介します。

まずは豚肉にしょうがと酒を混ぜた下味を塗ります。**しょうがの酵素で肉の繊維をほぐし、酒で保水することで柔らかな仕上がりに。**酵素は皮の近くに多くあるため、皮ごとすりおろしてください。次にたれの準備。下味とたれのどちらにもしょうがを加えることで、**香りと柔らかさを両立させます。**最後に、かくし味のタバスコ®を2滴。強い酸味が甘い味をひきしめてくれます。

それでは焼きはじめます。このときのポイントはフライパンの温度。**しょうがの酵素は約60℃で不活性化するため、火にかける前に肉を入れて。**肉が焼けたら、たれを煮つめてからからめることが重要。これで加熱しすぎるのを防ぎます。

豚のしょうが焼き

材料（２人分）

豚肩ロース薄切り肉
（しょうが焼き用）
……6枚（約250g）

〈下味〉
しょうがのすりおろし（皮ごと）
……2かけ分（約20g）
酒……大さじ2

〈たれ〉
しょうがのせん切り
……2かけ分（約20g）
砂糖……大さじ1
しょうゆ、みりん……各大さじ2
タバスコ®……2滴

キャベツのせん切り……適宜
サラダ油

下ごしらえ

➡豚肉は長さを半分に切る。片面に下味の材料を混ぜて塗り、5分ほどおく。

下味のしょうがは柔らかくするため。

➡たれの材料を混ぜる。

酵素の働きを
最大限に引き出す。

作り方

1 冷たいフライパンに入れる

冷たいフライパンにサラダ油小さじ1を入れ、豚肉の½量を下味を塗った面を上にして並べ入れる。

作り方 2 一度焼いて取り出す

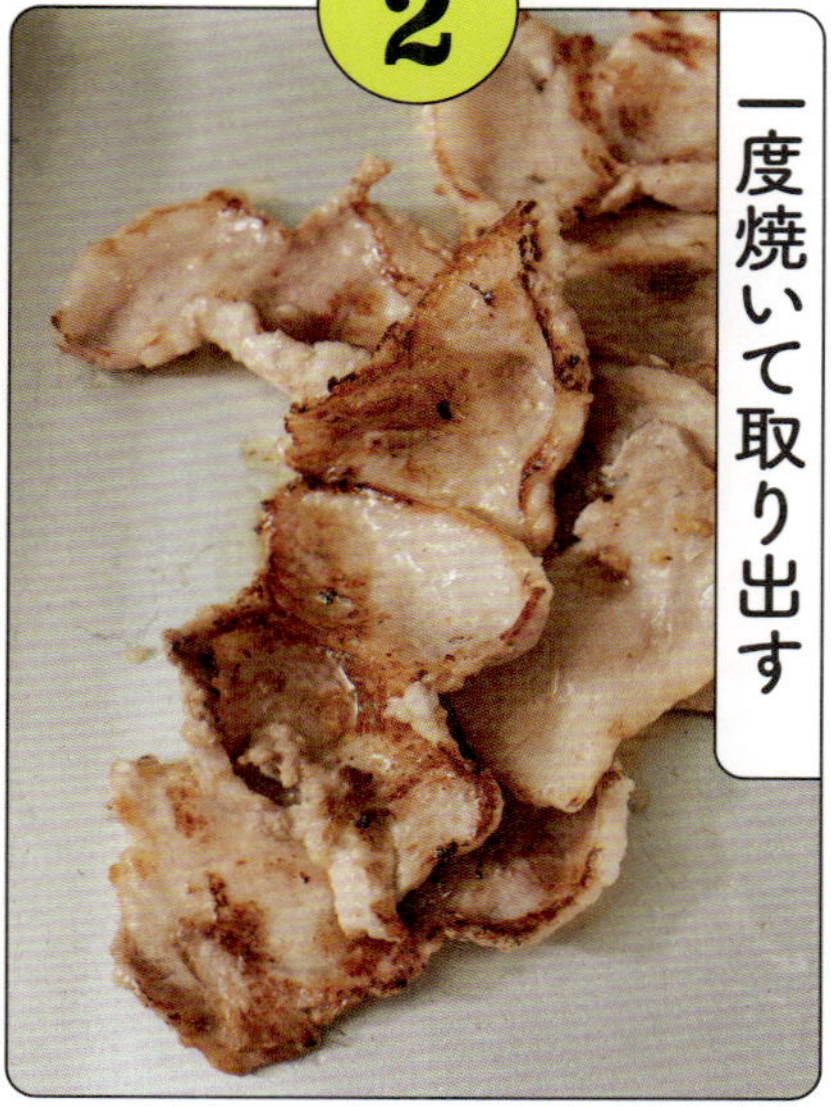

強火にかけ、焦げ目がつくまで2分ほど焼く。上下を返してさっと焼き、火を止めてバットなどに入れる。同じフライパンに残りの豚肉を入れ、強火にかけて同様に焼いて取り出す。

たれのしょうがで香りよく！

作り方 3 たれを煮つめてからめる

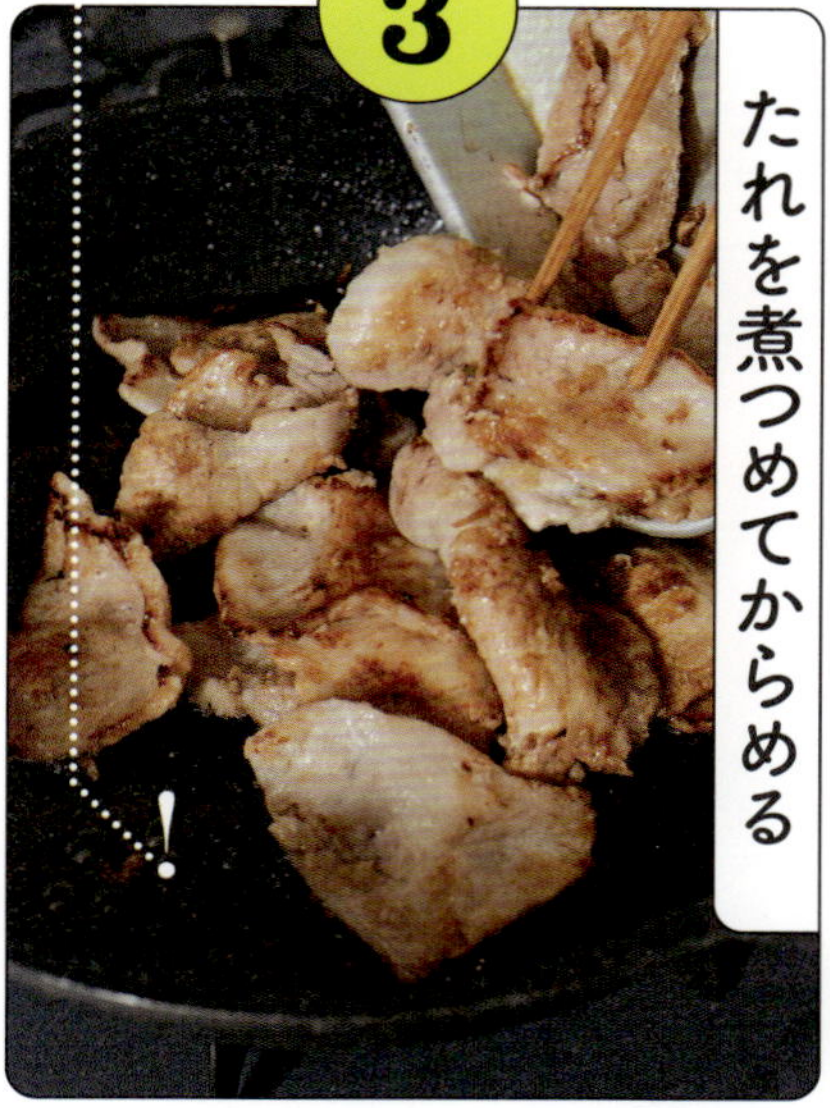

同じフライパンにたれを入れ、中火にかけて**2分ほど煮つめる**。弱火にして豚肉を戻し入れ、たれをからめる。キャベツとともに、たれごと器に盛る。

（1人分427kcal、塩分2.8g）

これで差がつく!

ポテトサラダ

じゃがいもはつぶさず、
約40℃でマヨネーズを加える

なぜそうする？

ポテトサラダは、じゃがいものつぶし方と、下味やマヨネーズを加える際の温度が重要。

まず、じゃがいもは塩と砂糖を加えた水からゆでます。ここで**砂糖を加えるのは保水のため。これでさめてもしっとり**と仕上がります。また、通常はつぶす工程がありますが、**細胞がつぶれて粘りが出てしまうので、一生懸命つぶす必要はありません。**混ぜているうちに自然にくずれるくらいで充分です。

水分をとばしたら、熱いうち（約80℃）に下味を加えて。水分がとんだじゃがいもに、下味がぐんぐん浸透します。そのあとに他の具を混ぜれば、人肌（約40℃）の温度に下がっているはず。ここでやっとマヨネーズを加えます。**油と卵から作られるマヨネーズは、熱すぎると乳化がこわれてしまい、油っぽい仕上がりに。**そのため40℃くらいで加えるのがベストタイミングなのです。

ポテトサラダ

材料（作りやすい分量）

じゃがいも……3個（約400g）
きゅうり……1本（約100g）
玉ねぎ……½個（約100g）
ロースハム……80g
ミニトマト……6個
〈下味〉
　酢……小さじ2
　練り辛子……小さじ½
塩　砂糖　マヨネーズ

下ごしらえ

➡きゅうりは両端を切り、あればスライサーで輪切りにする。玉ねぎはあればスライサーで横に薄切りにする。きゅうりと玉ねぎを合わせてボールに入れ（約200g）、重量の2％の塩（4g、約小さじ⅔）をふって混ぜ、5〜10分おいて水けをしっかり絞る。

後で水けを絞るので、ふる塩は野菜の重量の2％。

➡ハムは大きくちぎる。

➡ミニトマトはへたを取り、縦半分に切る。

作り方 1

じゃがいもをゆでる

砂糖を加えてゆでれば、
さめてもしっとり。

じゃがいもは皮をむき、2.5cm大に切って鍋に入れる。**水2½カップ、塩5g（小さじ1弱）、砂糖10g（大さじ1強）を加えて**中火にかける。沸騰したら弱火にし、じゃがいもに竹串がすーっと通るまで10分ほどゆで、ざるに上げる。

作り方 2

水分をとばして下味をあえる

酢と辛子は熱いうちに混ぜ、しっかり浸透させる。

じゃがいもを鍋に戻して中火にかけ、鍋を揺すりながら表面の水分をとばす。**熱いうちにボールに入れ、下味の材料を混ぜてから加え、さっとあえる。**

作り方 3

マヨネーズを加えてあえる

マヨネーズが分離しないよう40℃くらいで混ぜる。

②にミニトマト以外の材料を加えてあえ、**人肌にさめたら**マヨネーズ大さじ4強（約50g）を加えてさらにあえる。ミニトマトを加えてさっと混ぜる。

（½量で432㎉、塩分2.7g）

これで差がつく！

焼き餃子

キャベツはレンジ加熱、
焼くときは熱湯で一気に蒸す

なぜそうする?

餃子においてキャベツの役割は甘み。この甘みは水溶性なので、ゆでると湯に流れてしまいます。そこで、野菜の水分で蒸すことができる**電子レンジで加熱し、キャベツの甘みを引き出し、残します。**水分が多いと包みづらいので、水けを絞ってから加えましょう。

小籠包《しょうろんぽう》のように皮で肉汁を保つ餃子は、ジューシーに仕上がるよう、**ひき肉と塩を練り、保水力を上げます。**野菜から水が出てしまうので、残りの材料を加えたらさっくり混ぜるのが重要です。

次は皮のポイント。**皮に水をつけて少しおくと、打ちたてのようなもちもちした状態にもどります。**焼くときは**熱湯で一気に蒸し、**小麦粉が流れないようにすれば、さらにもちっとした食感に。ちなみに、皮がきちんとくっついていれば包み方はどのようにしても大丈夫。僕の実験では、ひだの有無で、ジューシーさやおいしさに変化はありませんでした。

焼き餃子

材料（2人分）

餃子の皮（大判）……20枚

〈たね〉

- 豚ひき肉……200g
- キャベツ……¼個（約200g）
- にらのみじん切り……5本分（30〜35g）
- ねぎ（青い部分も含む）のみじん切り……⅓本分（約30g）
- しょうがのすりおろし……1かけ分（約10g）
- しょうゆ、ごま油……各大さじ½
- 塩……小さじ½
- こしょう……適宜

〈たれ〉

- 酢、しょうゆ、好みで豆板醤《トウバンジャン》……各適宜

小麦粉　サラダ油

下ごしらえ

⇨**キャベツはラップで包み、電子レンジで4分ほど加熱する。**粗熱が取れたらみじん切りにし、厚手のペーパータオルなどに包んでギュッと絞る。

キャベツの水けはしっかり絞る。

作り方 1　たねを作る

野菜を加えたら、混ぜすぎない！

ボールに**ひき肉と塩を入れ、粘りが出るまで練る。**残りの材料を加えてさっくりと混ぜ、ラップをかけて冷蔵庫で30分以上冷やす。

水をつけて
打ちたての皮を再現！

作り方

2 たねを餃子の皮で包む

まな板に餃子の皮を少しずらしながら並べる。餃子の皮の縁に**刷毛やスプーンの背などで水適宜を塗り、2〜3分おく。**バットに小麦粉適宜を広げる。①のたねを等分に餃子の皮で包み、バットに入れる。

包んだ状態で2週間ほど冷凍保存可能。ある程度凍ったら冷凍用保存袋に移して。

熱湯を注いで
もっちり。

作り方

3 フライパンで焼く

直径約20cmのフライパンに餃子の½量を並べ、**熱湯¼カップを注ぎ、ふたをする。**強火にかけ、蒸気が出てきたら弱火にし、4分ほど蒸し焼きにする※。ふたを取ってサラダ油大さじ1を回し入れ、音が静かになるまで3分ほど焼く。フライパンよりひとまわり大きい器をかぶせ、フライパンごと上下を返して取り出す（やけどに注意）。残りも同様に焼き、たれの材料を混ぜて添える。

（1人分590kcal、塩分2.3g）

※冷凍した餃子の場合は約5分蒸し焼きにする。

〈コラム〉

白めしをおいしく炊こう

米はやさしく、かるくとぐ。浸水は冷たい水で

精米や保存の技術が進んだ今では、米をおいしく炊く方法は昔と違ってきています。ここでは、今の米に最適なおいしい炊き方を炊飯器と鍋炊きの両方でお伝えします。

まず「米はしっかりとぐ」のは昔の話。今は表面のぬかは取り除かれているので、一生懸命とがなくていいんです。**割れないようにやさしく、水を3〜4回替えてとげば充分**です。

浸水は**冷たい水でしんまで浸透するようにじっくりと。**ただ、炊飯器の場合は吸水工程も炊飯プログラムに含まれているので、基本的に事前に浸水しなくてもOKです。

鍋で炊く場合、**最初は強火で短時間で沸騰まで持っていきます。**あとは**ごく弱火で、沸点を維持しながら**炊いて。炊飯に向いているのは厚手でふたができる鍋。2合分で口径約20cmのものが目安です。

STEP 1 米をとぐ

作り方 **1**

最初の水はすぐ捨て、
水を替えてとぐ

ボールに米とひたひたの水を入れる。指先で20回ほど混ぜるようにとぎ、水適宜をたして、すぐに水を捨てる。かぶるくらいの水を注ぎ、同様にとぐ。水適宜をたし、水を捨てる。これを1〜2回繰り返す。

作り方 **2**

最後は水を加えずにとぎ、
浸水させる

最後は水を加えずに同様にとぎ、水適宜をたして水を捨てる。ざるに上げて水けをきり、すぐに厚手の鍋に入れ、冷水※を加えてふたをし、冷蔵庫で30分〜2時間、米が完全に白くなるまで浸水させる。

※鍋で炊くときの水の量は、米の重さ(g)の1.2〜1.5倍が目安
・米2合(300g):360〜450mℓ
・米3合(450g):540〜675mℓ

炊飯器で炊く場合

吸水工程はほとんどの機種で炊飯プログラムに含まれているので、米をといで水けをきったら内がまに入れ、分量の目盛りまで水を注いですぐに炊きはじめましょう。炊き上がったら、すぐに混ぜて。

STEP 2 鍋で炊く

作り方 **1**

強火で沸騰させ、
ひと混ぜする

ふたをした鍋を強火にかけ、3〜5分加熱して沸騰させる。底から返すように混ぜる。

作り方 **2**

弱火で炊き上げ、
蒸らす

すぐにふたをしてごく弱火にし、8〜10分炊く。火を止めてそのまま5〜10分蒸らす。

作り方 **3**

底からさっくり混ぜる

ふたを取り、しゃもじでご飯に十字に切り目を入れ、¼量ずつ底から返すように混ぜる。

塩むすびを作ってみよう

強くにぎりすぎず、ふんわりと。口の中でほどけるくらいがおいしいので、**形がまとまるくらいで大丈夫。**頂点に塩をふると、最初のひと口で塩が舌に当たり、塩のインパクトを感じられます。

作り方 1

はかりにラップをのせ、塩少々をふる。ご飯100gを量りながらのせ、上からも塩少々をふる。

作り方 2

ラップの四隅を持ち上げてかるくまとめ、三角形ににぎる。ラップをはずして器に盛り、頂点に塩少々をのせる。
（1個分156kcal、塩分1.0g）

PART

2

簡単おかずの「なんかいまひとつ」から脱却する

肉野菜炒めや冷しゃぶサラダなど、作るのは簡単だが「おいしく作る」にはコツが必要な家庭料理の数は意外と多い。一度真剣に向き合ってみると、がらりとイメージが変わるから、ぜひここで紹介する方法を試してみてほしい。

これで差がつく!

ピーマンの肉詰め

へたも種も取らず、穴をあける

なぜそうする？

ピーマンの肉詰めと聞いて思い浮かぶのが、「肉だねがはがれる問題」。これを解決するのが、いつもは捨ててしまう「種」です。

通常、へたと種を取ったところに肉だねを詰めますが、今回は**あえて種を残します。**種の下にも上にも詰めることで肉だねが種にからんだような状態になり、焼いてもはがれにくくなるのです。

また、「粉をまぶす」というのもよく知られた手法かと思いますが、さらにここでもうひと手間。つま楊枝で数カ所穴をあけましょう。肉詰めは加熱すると、ピーマンと肉だねの間に水分が生まれます。この水分がはがれる原因のひとつとなるため、**穴をあけて蒸気を逃がし、より接着力を強く**します。

焼くときは、熱湯を加えて高温で蒸し焼きにし、**一気に火を通すことでピーマンと肉がくっつきます。**この加熱方法ならしっかり火が通り、種も気にならないほど柔らかく仕上がります。

ピーマンの肉詰め

蒸気を逃がすための
穴をあける!

ピーマンは縦半分に切り、つま楊枝で数カ所に穴をあけてポリ袋に入れる。小麦粉大さじ1を加えて振り、全体にまぶす。

材料（2～3人分）

ピーマン……7～8個
〈肉だね〉
　合いびき肉……250g
　玉ねぎのみじん切り……½個分（約100g）
　しょうゆ……大さじ1
　砂糖、ごま油……各小さじ1
〈甘辛だれ〉
　砂糖……大さじ1
　しょうゆ、みりん、酒……各大さじ2
小麦粉

下ごしらえ

⇨ボールに肉だねの材料を混ぜ、5分ほどおく。

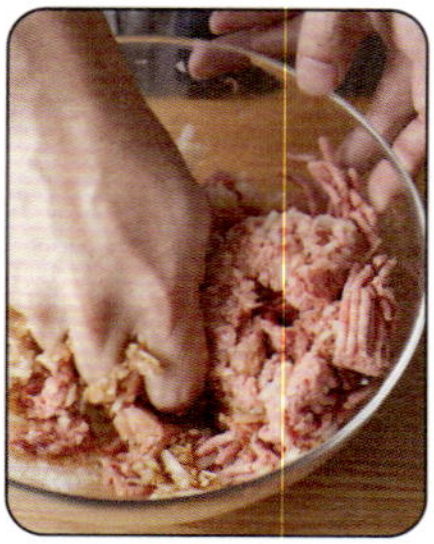

⇨湯を沸かしておく。

種の下にも詰めて、
はがれ防止。

作り方 **2**

ピーマンに肉だねを詰める

ピーマンに肉だねを等分に詰める（すきまができないように、**種の下にもしっかりと**）。たれの材料を混ぜる。

一気に加熱して、
たねとピーマンをくっつける。

作り方 **3**

フライパンで焼く

フライパンにピーマンを肉だねを下にして並べ入れ、中火にかける。**熱湯¼カップを加えて**ふたをし、5分ほど蒸し焼きにする。ふたを取り、水分がなくなり、肉に焦げ目がつくまで5分ほど焼く。上下を返してたれを加え、つやが出るまで煮からめる。

（⅓量で296㎉、塩分2.7g）

これで差がつく！

冷しゃぶサラダ

砂糖、酒、塩を加えた80℃の湯でゆでる

なぜそうする？

豚肉が堅くなる、パサつくなど、ゆでるだけなのに失敗の多い「豚しゃぶ」。湯に加える調味料と温度にポイントがあります。

まず湯には、砂糖や酒、塩などの調味料を加えます。下味の意味もありますが、塩分や糖分を加えて湯の濃度を濃くすることで**肉の味が抜けていくのを防ぎます。**また、保水力のある**砂糖が肉をしっとりとさせたり、**弱酸性の**酒が肉を柔らかくする**効果も。

次に、湯の温度は**80℃を目安**に沸かしましょう。鍋底についていた泡がいくつか浮いてきたら80℃を超えたという合図です。完全に沸騰した湯では、すぐに火が入って堅い食感になってしまいます。ちなみに、豚肉は95℃以下でゆでればアクは出ません。アクが出なくてもしっかり火が通っているのでご安心を。

冷やしすぎは肉を堅くするため、氷水ではなく**常温の水にさらす**のが正解。氷水でなくても肉の温度は下がります。

冷しゃぶサラダ

材料（2人分）

豚ロース薄切り肉
（しゃぶしゃぶ用）……200g
玉ねぎ……½個（約100g）
〈香味だれ〉
しょうゆ……大さじ3
酢、砂糖、白すりごま
……各大さじ1
青じその葉……5枚
ねぎ……5cm（約10g）
塩　砂糖　酒

下ごしらえ

➡青じその葉は軸を切ってせん切りにする。

➡ねぎはみじん切りにする。

➡玉ねぎは縦に薄切りにし、水に15分ほどさらし、水けをきる。

作り方 1

香味だれを作る

ボールに香味だれの材料を順に混ぜて冷蔵庫で冷やしておく。別のボールにたっぷりの水を入れる。

作り方 **2**

湯を沸かし、豚肉をゆでる

急激な温度変化を避け、
柔らかくゆでる。

鍋に水1.5ℓを入れて中火にかける。**鍋底の泡がいくつか浮かんできたら、ごく弱火にする。**塩10g（小さじ2弱）、砂糖10g（大さじ1強）、酒大さじ3を加え、豚肉の⅓量を加える。

作り方 **3**

豚肉を水にとり、ざるでさます

常温の水に
さっとさらせばOK。

豚肉の色が変わったら、①の**水を入れたボールに移して粗熱を取り、**ざるに広げてさます。残りも同様にする。器に玉ねぎを広げて豚肉を盛り、香味だれをかける。
（1人分288kcal、塩分2.7g）

これで差がつく!

サーモンのムニエル

牛乳で洗い、上下を返さず焼く

なぜそうする?

最初にサーモンの臭みを取るために、塩をふって余分な水分を出します。焼くときに表面の塩が流れないようなじませておく、という意味もあります。次に**牛乳にくぐらせて表面を洗いましょう。**このとき、竹串でサポートすると、小麦粉をまぶすときに手が汚れずにすみます。小麦粉をまぶすのは、水分を逃がさないようにするため。油を吸いすぎないように、薄くまぶします。

準備ができたら、**低温で加熱を。**バターが泡立ってきたらサーモンを入れる合図です。これで、身が縮まって堅くなるのを防げます。うっすらと焦げ色がつくまで油をかけながら焼けば、フライパンに接した面はパリッと、反対の面はふっくらと仕上がります。ちなみに、皮は高温でカリッと焼けばおつまみになりますよ。

ソース用の**焦がしたバターやそこに加えるレモン汁、じゃがいもにまぶしたパセリ**も、すべてに**臭みを抑える効果**があります。

サーモンのムニエル

材料（2人分）

サーモンの切り身
　　　……………………2切れ（約180g）
にんにく……………………1かけ
レモン汁……………………$\frac{1}{4}$個分
牛乳……………………$\frac{1}{2}$カップ
じゃがいも……………………1個
パセリのみじん切り……………………適宜
塩　小麦粉　バター
オリーブオイル

下ごしらえ

➡サーモンは皮を取り除き、**塩ひとつまみをふって10分ほどおく。**

➡じゃがいもは皮をむいて一口大に切り、鍋に入れてかぶるくらいの水を加えて中火にかける。柔らかくなるまで10分ほどゆでる。ざるに上げて水けをよくきり、パセリのみじん切りをまぶす。

牛乳が魚の臭みを吸着してくれる。

作り方 1

サーモンを牛乳にくぐらせ、粉をまぶす

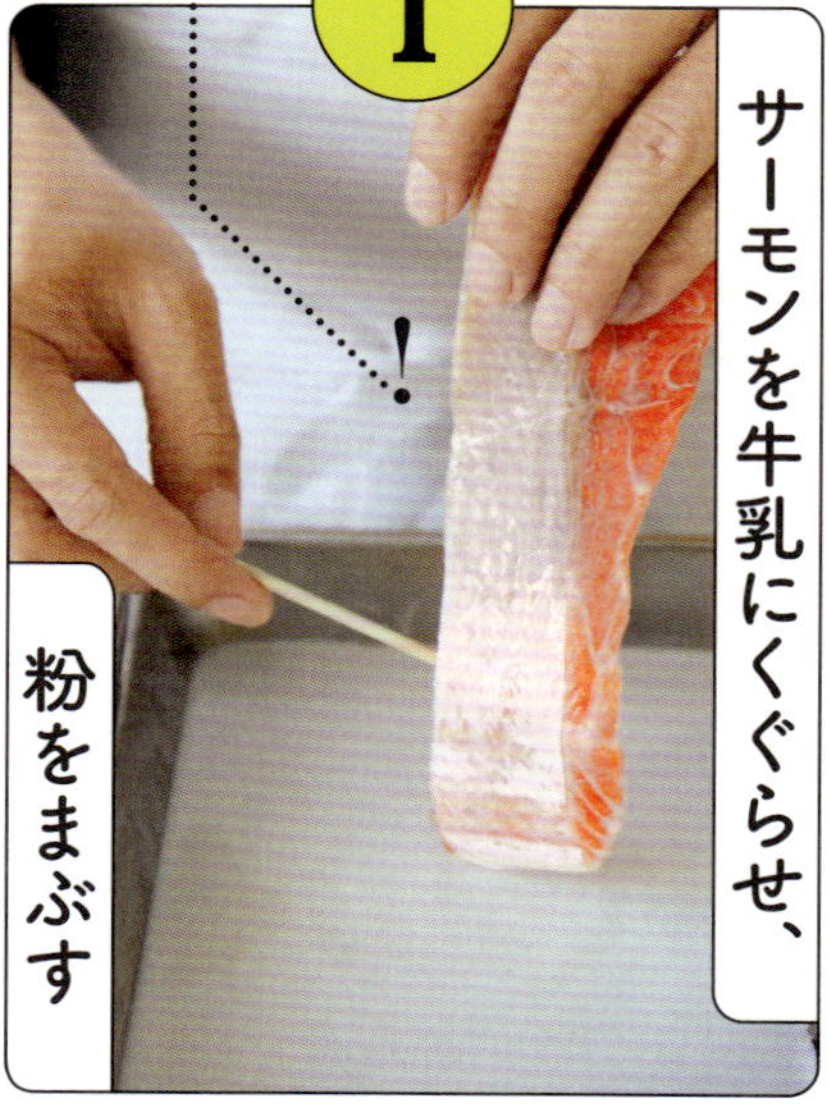

バットに牛乳を入れる。下ごしらえしたサーモンは表面の水けを拭き、**牛乳にくぐらせて**小麦粉を薄くまぶす。

表面に油をかけながら、
じわじわと火を入れて。

作り方 2

バターとオリーブオイルで焼く

フライパンにバター20g、オリーブオイル大さじ1を入れ、中火にかける。**バターが溶けて泡立ってきたら**サーモンとにんにくを入れる。弱めの中火にし、**スプーンで油をかけながら**両面にうっすらと焼き目がつくまで6分ほど焼き、器に盛る。

レモン汁もバターも、
生臭さを抑える効果あり。

作り方 3

ソースを作ってかける

フライパンにレモン汁を加え、バターが茶色く色づいてくるまで煮つめ、サーモンにかける。じゃがいもを添える。

（1人分407kcal、塩分0.7g）

これで差がつく！

肉野菜炒め

野菜を炒めず、焼いた肉とあえるだけ！

なぜそうする？

簡単そうで奥が深い料理「肉野菜炒め」。市販のカット野菜で作る人も少なくないと思います。キャベツ、もやし、にらなど、さまざまな素材が入っているから便利なはずなのに、じつはそこに落とし穴が。キャベツに火を通そうとすると、にらはくたくた、もやしもしんなりしがち。そこで僕のおすすめは、**野菜を一度ゆでること。**特に、火の通し方が意外とむずかしいもやしの加熱方法に焦点を当てました。このとき重要なのが、もやしの温度。**60~70℃でペクチンという成分が堅くなり、シャキッとした歯ごたえになるんです。**だから水から徐々に温度を上げ、お湯が80℃くらいになったらざるに上げると失敗がありません。

野菜に火が入ったら、あとは焼いた肉と合わせるだけ。**炒めるのではなくあえるように混ぜれば、火の通しすぎを防ぐことができ、**結果、時間がたっても水っぽい仕上がりにならないのです。

肉野菜炒め

材料（2人分）

市販のカット野菜
……1袋（230〜260g）
豚バラ薄切り肉……70〜85g
にんにくの薄切り……1かけ分
ごま油　塩　砂糖　しょうゆ
こしょう

下ごしらえ

⇨豚肉は幅2cmほどに切る。

作り方 1

カット野菜をゆでる

フライパンに**カット野菜と水2½カップ**を入れる。中火にかけ、まわりがふつふつとしてきたら（中央はしていなくてよい）すぐにざるに上げる。

!

煮立つ直前までゆで、
加熱しすぎるのを防ぐ。

肉は片面を焼くだけでよし。
両面焼くとパサつきがち。

作り方 **2**

豚肉を焼く

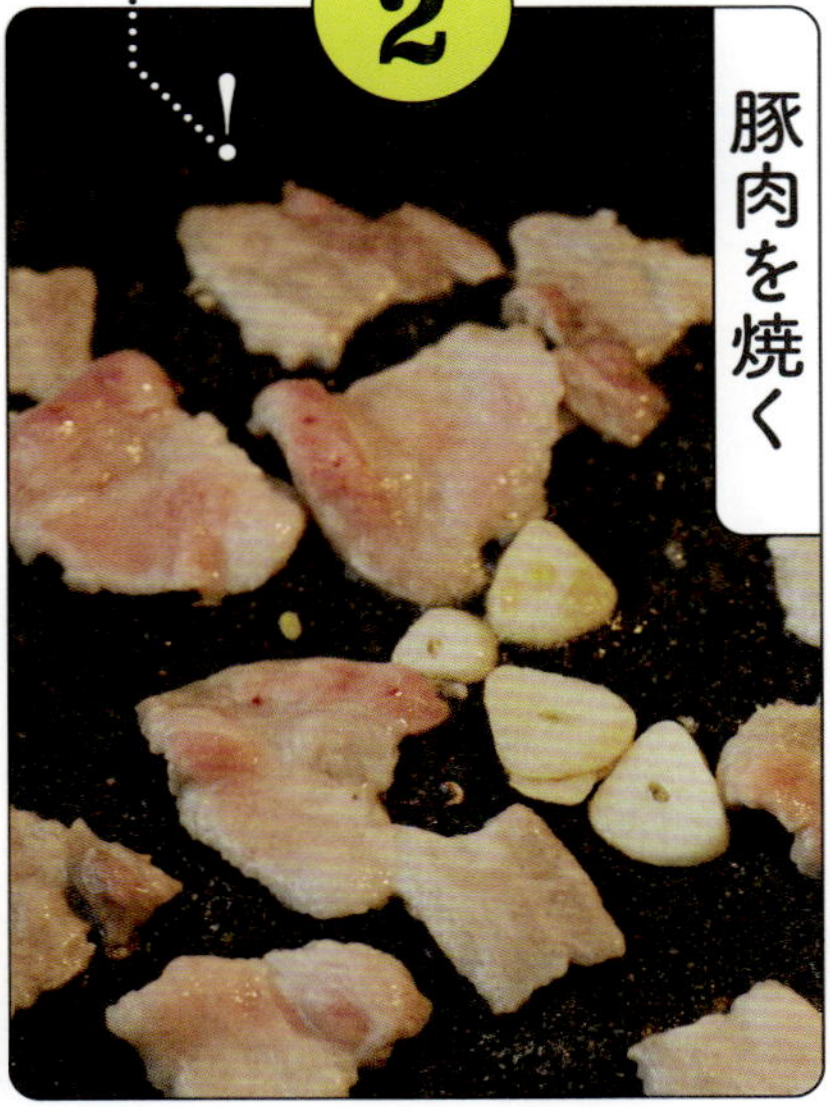

①のフライパンをさっと拭き、ごま油大さじ½を中火で熱する。にんにくと豚肉を重ならないように入れ、塩1.5g（約小さじ¼）、砂糖ひとつまみを加えてそのままさわらず1分ほど焼く。

調味料を加えたら、
ざざっとあえる気持ちで。

作り方 **3**

野菜を加え、調味する

肉の片面に火が通ったら、①の野菜を加えてひと混ぜする。しょうゆ小さじ1、こしょう適宜を加えて**ざっくりと混ぜる。**器に盛り、こしょう適宜をふる。

（1人分205kcal、塩分1.3g）

これで差がつく！

きんぴらごぼう

ごぼうはピーラーで削り
野菜の水分で蒸す

なぜそうする？

きんぴらの主役、ごぼうとにんじんは、皮をむかずに使います。皮にはうま味成分が多く含まれているため、洗うときはスポンジを使うのがおすすめ。スポンジなら皮はむけずに、汚れだけが取れます。ごぼうの香りやおいしさは水にさらすと薄まるので、水にもさらさずに使いましょう。ささがきのイメージが強いきんぴらですが、もっと柔らかく仕上げたいならピーラーで削ってからせん切りに。**ごぼうの繊維は縦に走っているので、斜めに切れば繊維を断つことができる**のです。このとき、ピーラーで削れなかった部分は包丁で薄切りにしてからせん切りに。形や厚みは多少不ぞろいなほうが、食感のアクセントにもなります。

火をつけるタイミングもポイント。冷たいフライパンからスタートし、**野菜の持つ水分で蒸すように炒める**ことで、しんなりと柔らかくなり、調味料がしっかりと食材にしみ込みます。

きんぴらごぼう

材料（作りやすい分量）

ごぼう……1本（約200g）
にんじん……½本（約80g）
赤唐辛子の輪切り……小さじ¼
白いりごま……適宜
ごま油　砂糖　酒　しょうゆ

下ごしらえ

➡ごぼうとにんじんはスポンジでよく洗い、水けを拭く。

作り方 1 野菜を切る

ごぼうとにんじんをピーラーで削り、少しずらしながら重ね、斜めにせん切りにする。ピーラーで削れなかった部分もせん切りにする。

柔らかな食感はピーラーで作る！

作り方
2
フライパンで炒める

野菜の持つ水分で
蒸すように炒める。

フライパンにごま油大さじ1、ごぼう、にんじんを入れ、中火にかける。あまりさわらず、ときどき混ぜながら**しんなりするまで3分ほど**炒める。

作り方
3
調味料を加えて仕上げる

弱火にして砂糖、酒、しょうゆ各大さじ1と、赤唐辛子を加える。再び中火にし、汁けがほとんどなくなるまで炒め、ごまをふって混ぜる。

（¼量で81㎉、塩分0.7g）

これで差がつく！

さばのみそ煮

冷たい煮汁に入れ、強めの中火でがんがん煮る

なぜそうする？

煮魚のレシピには、よく「煮る前に魚を湯通しする」という工程がありますが、それは魚の鮮度がよくなかった昔の話。今は、ドリップ（血の混じった赤い水け）やにおいが気にならなければ、**氷水で洗って表面の血を落とすだけ**でＯＫです。

煮るときは、煮汁にさばを入れてから火にかけます。魚は煮立ったところに入れないと臭みが出るという意見もありますが、じつは味に大差はないので、**熱いところに入れて皮が縮み、破れるよりは、冷たいところに入れたほうが失敗がありません。**火加減は基本的にはずっと強めの中火。煮汁に加えた酒が蒸発するときににおいがとぶので、強めの火加減で煮ていきます。また、みそにも臭みを抑える働きが。みそのたんぱく質が魚のにおい成分を吸着してくれるんです。ちなみに、味が濃いほうが好みなら、さばを先に取り出し、煮汁だけを好みの濃さに煮つめても。

さばのみそ煮

材料（2人分）

- さばの切り身（半身）……1枚
- ねぎの白い部分……½本分（約30g）
- しょうが……20g
- 〈煮汁〉
  - 水、酒……各¾カップ
  - 砂糖……大さじ3
  - しょうゆ……小さじ1
- みそ

下ごしらえ

➡ねぎは長さ3〜4㎝に切る。

➡しょうがは皮つきのまま薄切りにする。

➡さばは氷水で洗って水けを拭き、斜め半分に切る。皮目に斜めに1本切り目を入れる。

煮たときに皮が縮んで破れないよう、切り目を入れる。

作り方
1

煮汁を混ぜ、さばを入れる

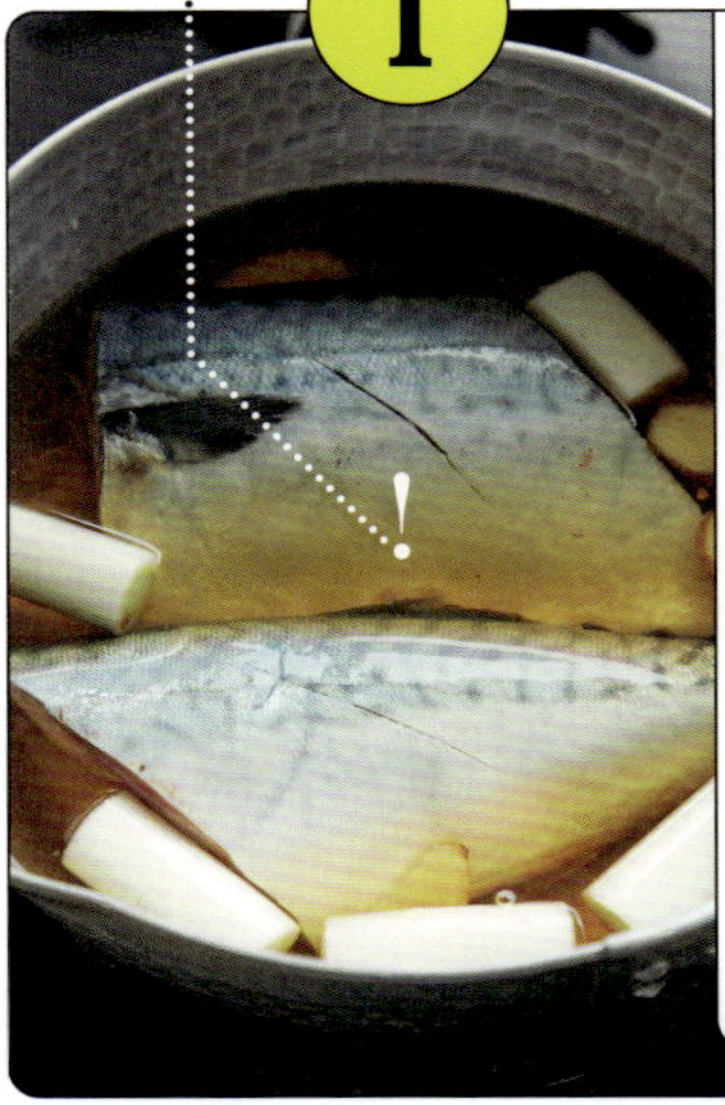

冷たい煮汁にさばを入れる
コールドスタートでOK。

鍋に煮汁の材料を混ぜ、しょうが、ねぎを加え、さばを皮目を上にして並べ入れる。

作り方 2

落としぶたをして煮る

アルコールを揮発させたいので
火加減は強めで。

アルミホイル（またはオーブン用シート）で落としぶたをし、**強めの中火**にかける。煮立ったら6分ほど煮る。

作り方 3

みそを加えて仕上げる

みそは溶きのばしてから加えれば、
魚の身がくずれない。

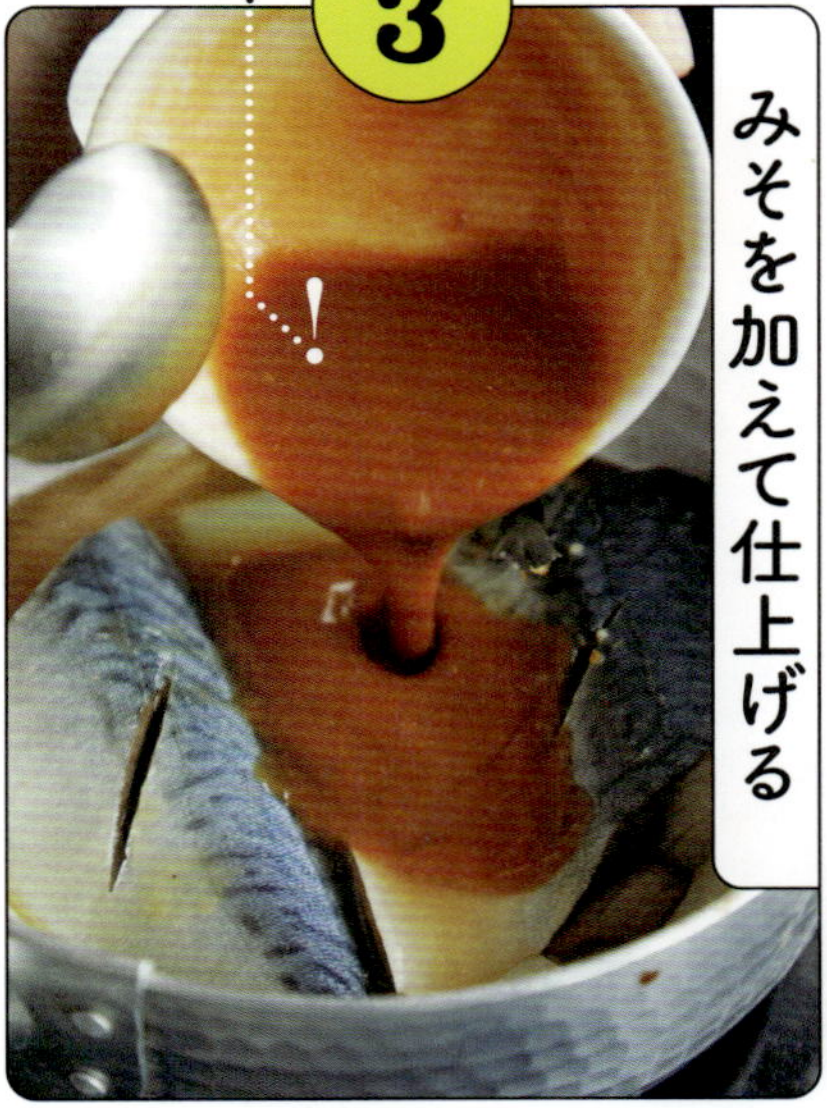

小さめの器にみそ大さじ$1\frac{2}{3}$（約30g）を入れ、煮汁適宜を加えて溶きのばす。鍋に加えて火をやや弱め、スプーンでさばに煮汁を回しかけながら1分ほど煮る。火を止めて10分ほどおき、味をなじませる。

（1人分342kcal、塩分1.9g）

〈コラム〉

当たり前の卵料理こそ極めたい

完ペキな目玉焼き

白身はふっくら、黄身はとろり、
理想の焼きかげんに

いつでもどこでも買えて栄養価が高い卵は、忙しい自炊者の頼れるたんぱく源。その身近さから、料理慣れしていなくても「目玉焼きくらいは作れて当たり前」と一般的に思われています。

ですが、簡単そうに見えて意外と奥が深いのが卵料理。まずは目玉焼きから、きちんとおいしく作るコツをお伝えしましょう。

じつは**卵の白身と黄身は固まる温度が違う**ため、目玉焼きを絶妙な焼きかげんに仕上げるにはいくつかの工夫が必要です。

まず卵は茶こしに割り入れ、水分が多く臭みのもとになる**「水様卵白」を取り除きます。**そしてバターを使い弱火でじっくり火を通すことで、白身は完全に火が通っているけどなめらか&黄身は温まっているけどとろりと柔らかな、理想の仕上がりに。

材料（1人分）

卵……2個
食パン（8枚切り）……½枚
バター　塩

作り方 1

「水様卵白」を取り除く

焦げやすく臭みのある「水様卵白」は茶こしを通して除く。

小さめのボールに茶こしをのせ、卵1個を割り入れる。かるく振って茶こしから**流れ落ちる卵白を取り除き、**別のボールに移す。もう1個の卵も同様にする。

作り方 2

バターを熱し、焼く

フライパンに**バター10gを入れて弱火**にかける。溶けてふつふつと泡立ってきたら卵をそっと入れ、ふたをせずに3〜4分焼く。

水分を含むバターを使うと、サラダ油よりもフライパンの温度が上がりすぎない。

作り方 3

白身だけに塩をふる

黄身に塩をふると斑点ができてしまうので、白身にだけふって美しく。

黄身のまわりの白身まで固まったら火を止め、**白身の部分だけに塩少々をふる。**器に盛り、好みで食パンを半分に切り、トーストして添える。
（285kcal、塩分1.7g）

最高のスクランブルドエッグ

とろとろの舌ざわりと濃厚な味わいに感激するはず

ホテルの朝食で出てくるようなとろとろのスクランブルドエッグ、あこがれますよね。でも、フライパンでトライして、火が入りすぎて失敗した経験のあるかたも多いのでは。そこでおすすめなのが、**湯せんにかける方法。**ゆっくりと加熱することで、スクランブルドエッグの醍醐味である「とろとろ、なめらか」な食感に仕上がります。

卵液に牛乳とバターを加えるのも、とろとろに仕上げるポイント。牛乳とバターが卵のたんぱく質を希釈するので、仕上がりが堅くならないのです。

10分ほど湯せんで加熱するのは少し根気のいる作業ですが、それだけの価値のあるおいしさなので、ぜひ試してみてください。

材料（2人分）

卵……4個
牛乳……大さじ2
あればイタリアンパセリの葉…適宜
塩　バター

作り方1　卵液を作る

耐熱のガラスボールに卵を割り入れ、**塩少々と牛乳**を加える。泡立て器を前後に動かすようにして、卵を溶きほぐしながら均一に混ぜる。**バター10g**を加える。

作り方2　湯せんにかけて加熱する

湯せんで加熱すると固まる前に卵の水分が蒸発するので、味が濃厚になる。

フライパンに**高さ2cmくらいまで湯を沸かし、①のボールを入れる。**ゴムべらで絶えずゆっくり混ぜながらじっくりと加熱する。だいたい4分ほどでまわりが固まりはじめる。

作り方3　とろりとしたら完成

まわりから固まってくるので、そこをこそげ落とすようなイメージで混ぜる。

5〜6分で全体が徐々に固まりはじめるので、**周囲をこそげながら絶えず混ぜ、**加熱する。10分ほどたち、ゴムべらですくっても落ちない状態になれば完成。器に盛り、あればイタリアンパセリを添える。

（1人分186kcal、塩分0.9g）

最高のスクランブルドエッグができたら…

のっけオムライスに

材料（2人分）

冷やご飯……350g
玉ねぎ……¼個
ハム……2〜3枚（約50g）
〈ソース〉
　トマトケチャップ
　　……大さじ2強（約40g）
　中濃ソース……小さじ1½強（約10g）
スクランブルドエッグ
　（P72〜73参照）……2人分
バター
塩　こしょう　トマトケチャップ

下ごしらえ

- 玉ねぎはみじん切りにする。
- ハムは5㎜四方に切る。
- ソースの材料を混ぜ合わせる。

作り方 1　ケチャップライスを作る

フライパンにバター20gを中火で溶かし、玉ねぎ、ハムを炒める。玉ねぎが透き通ったら弱火にし、混ぜておいたソースを加えて混ぜる。冷やご飯を加えてほぐしながら炒め、塩、こしょう各少々をふって混ぜる。

作り方 2　スクランブルドエッグを作ってのせる

ケチャップライスを器に等分に盛り、スクランブルドエッグを½量ずつのせ、ケチャップ適宜をかける。

（1人分207㎉、塩分0.7g）

PART

3

季節限定の味だって、絶対成功させたい

秋の風が吹けばさんまを焼きたくなり、正月が来れば雑煮を食べたくなる。ある季節のほんの一瞬しか作らないおかずがあることが、日本の家ごはんの醍醐味。旬の食材を使う貴重な機会だからこそ、必ず成功させたい！という気持ちに、全力でおこたえしたい。

これで差がつく！

ゴーヤーチャンプルー

ゴーヤーをゆでてから炒め、削り節をたっぷり加える

なぜそうする？

もともと、ゴーヤーチャンプルーの作り方には苦みを抑える工夫がいくつか含まれていますが、今回はひときわ強い苦みや青臭さを抑える作り方を紹介します。

ゴーヤーの苦味成分は水溶性。つまり、水に溶け出すということです。**薄く切って食感が残る程度に下ゆでし、苦みを出しましょう。**さらに、水にさらすことでゴーヤーからより苦味成分が溶け出すので、食べやすくなります。

豆腐の水きりも重要です。重量比で20～30％の水分を抜けば、仕上がりがべちゃっとなり、味つけが薄まってゴーヤーの苦みが際立つのを防げます。**豚肉や削り節にも、じつは苦みをやわらげる効果が。**豚肉の脂が残ったフライパンでゴーヤーを炒めるのはそのためです。**最後に卵でとじるようにゴーヤーをコーティング**すれば、口に入れたときに感じる苦みがおだやかになります。

ゴーヤーチャンプルー

材料（2人分）

ゴーヤー……1本（約250g）
豚バラ薄切り肉……100g
絹ごし豆腐……1丁（約300g）
削り節……2パック（約5g）
溶き卵……2個分
塩　ごま油　しょうゆ

下ごしらえ

➡豆腐は耐熱皿にのせ、ラップをかけずに電子レンジで1分50秒加熱する。ペーパータオルで包んで（やけどに注意）皿などで重しをし、さめるまで20分ほどおく。縦半分、幅1cmに切る。

➡ゴーヤーは縦半分に切り、わたと種を取って薄切りにする。**熱湯で30秒ほどゆで、水に5分ほどさらす。**

ゆでて水にさらし、苦味成分を出す！

➡豚肉は長さ5cmに切る。

作り方 1

フライパンで豚肉、豆腐を焼く

フライパンに豚肉を広げ入れ、中火にかける。表面に肉汁が浮いてきたら塩ひとつまみをふって混ぜ、バットなどに移す。同じフライパンを中火にかける。豆腐を入れて全体に焦げ目がつくまで焼き、塩ひとつまみをふる。さっとからめ、バットなどに移す。

削り節に苦みを
吸着させる。

作り方 2 ゴーヤーを炒める

同じフライパンにごま油大さじ1を中火で熱し、ゴーヤーを加える。しんなりするまで2分ほど炒め、**削り節（仕上げ用に適宜取り分けておく）、塩ひとつまみを加え、**ざっくりと混ぜる。

卵でさらに苦みを
コーティング。

作り方 3 調味し、卵を加える

豚肉と豆腐を戻し入れ、しょうゆ大さじ½を回し入れてさっと混ぜる。**溶き卵を加えて混ぜずに10秒ほど焼き**、さらに卵に火が通るまで大きく混ぜて炒める。器に盛り、仕上げ用の削り節をふる。
（1人分444kcal、塩分2.0g）

これで差がつく！

とうもろこしのかき揚げ

ひげも捨てずに揚げれば

ばらばらにならない

なぜ そうする？

かき揚げとは、ばらばらの具を天ぷらのころもでまとめて揚げる料理。小麦粉多めのころもであれば具はまとまりやすくなりますが、サクッと軽やかな食感にはなりません。では、最低限のころもでどうまとめるか。そのポイントとなるのがとうもろこしの「ひげ」です。**ひげにころもがからんでつなぎとなり、具がまとまりやすくなるのです。**もちろん、ひげも食べられるのでご安心を。

ころもにもひと工夫を。全卵を使用すると卵白がふくらんでボリュームが出てしまうので、**卵黄のみを使用します。**時間をおくと小麦粉のグルテンが形成されてべちゃっとする原因になるため、具とところもをあえたらすぐに揚げましょう。

さらに今回は万全を期して、ばらつき防止の型をアルミホイルで作りました。型が油を遮ってしまうので、ころもが少し固まってきたら穴をあけ、油を全体にいきわたらせるのを忘れずに。

とうもろこしのかき揚げ

材料（2人分）

とうもろこし……1本
三つ葉……2〜3本
〈ころも〉
　卵黄……1個分
　冷水……½カップ
　小麦粉……大さじ5（約45g）
小麦粉　サラダ油　好みで塩

下ごしらえ

➡アルミホイル（約25×8cm）を3枚用意する。長辺を手前に置いて横半分に3回折る。500mlのペットボトルに巻きつけて輪にし、型を作る。残りも同様に作る。

➡とうもろこしは皮とひげをむき（ひげはとっておく）、長さを3等分に切る。まな板に立てて置き、しんにそうように包丁を入れて、身をこそげる。

➡三つ葉は長さ1cmに切る。

作り方 1

具ところもを混ぜる

ころもに
卵白は
使わない。

ボールにとうもろこし、ひげ、三つ葉、小麦粉大さじ1を入れてよく混ぜる。別のボールにころもの**卵黄と冷水をよく混ぜ**、とうもろこしのボールに加える。さらにころもの小麦粉を加えてさっくりと混ぜる。

アルミホイルの型があれば
ばらばらにならない。

作り方 2 型を入れて油を熱する

直径約20cmのフライパンにサラダ油を高さ2cmまで入れ、アルミホイルの型を入れて中温（170〜180°C。P2参照）に熱する。スプーンで型の中に①を⅙量ずつ入れる。

菜箸で穴をあけ、
中まで火を通す。

作り方 3 色づくまで揚げる

全体が少し固まるまで1分ほど揚げたら、**菜箸で数カ所穴をあける。**さらにまわりが固まるまで1分ほど揚げ、型を取って裏返す。うっすら色づいたら取り出して油をきる。残りも同様に揚げる。好みで塩少々をつけていただく。

（1人分401kcal、塩分0.5g）

これで差がつく！

さんまの塩焼き

うろこは
しっかり除き、
余熱で火を通す

なぜそうする？

脂がのった旬のさんま。生臭さを気にしてよく焼こうとすると、脂が流れ出てパサついてしまいます。単純なことですが、生臭さの対策として汚れをていねいに洗っておきましょう。

主に汚れているのは、えらとうろこ。えらには血がたまっているので、流水でよく洗います。忘れられがちなうろこも包丁でこそげ取ります。また、胃がなく腸が短いさんまは、内臓までおいしくいただけるのも特徴。他の魚に比べるとあまり汚れていませんが、腹びれから肛門にかけて指でかるくなで、**腸の汚れも除きます。****焼く前にふる塩はおいしさの肝。**塩を一度手のひらに当てることで、まんべんなくふることができます。また、**普通に焼いているのにパサついてしまう原因は、焼きすぎによるもの。**中心温度が75℃であれば充分火が通っているので、焼き色がついたら余熱で火を通して。脂が大量に流れてしまうのを防げます。

さんまの塩焼き

材料（2人分）

さんま……2尾
大根おろし……適宜
すだち（横半分に切ったもの）
……2切れ
塩　しょうゆ

下ごしらえ

➡さんまは包丁の刃を当て、尾から頭に向かってこすり、うろこをこそげ取る。えらにたまった血とひれについた汚れを流水で洗う。

においの原因になる汚れを、徹底的に除く！

作り方 **1**

腸の汚れを除く

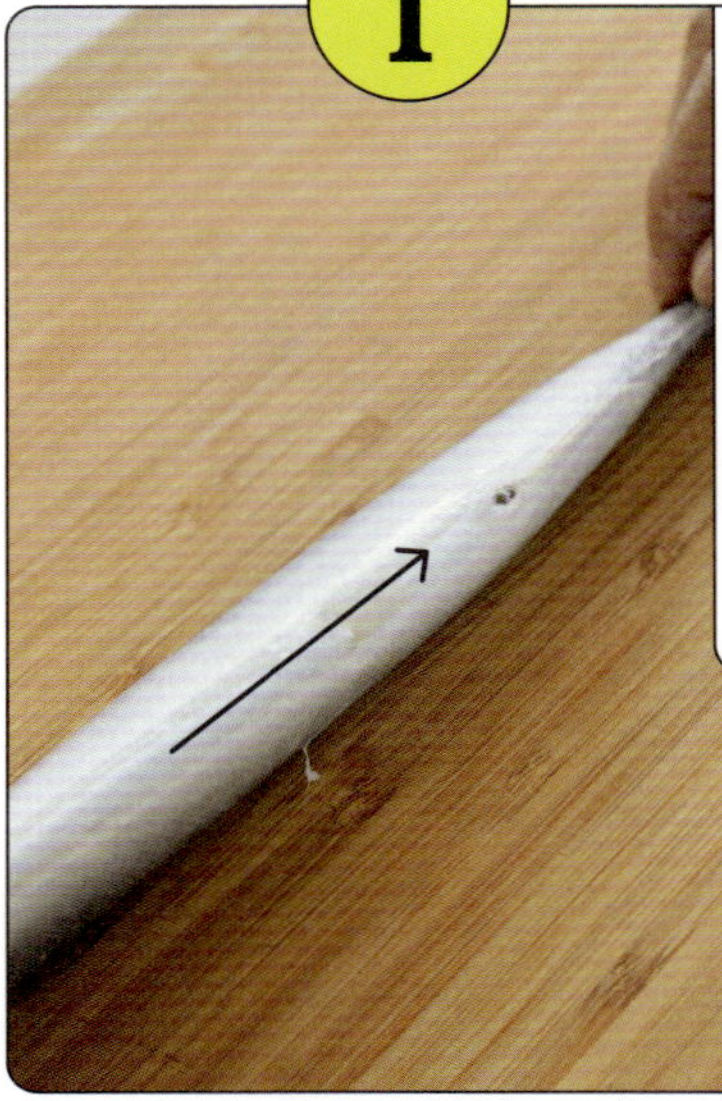

腹びれから肛門に向かって親指でなぞり、腸に残った汚れを押し出す。流水で洗い、水けを拭く。

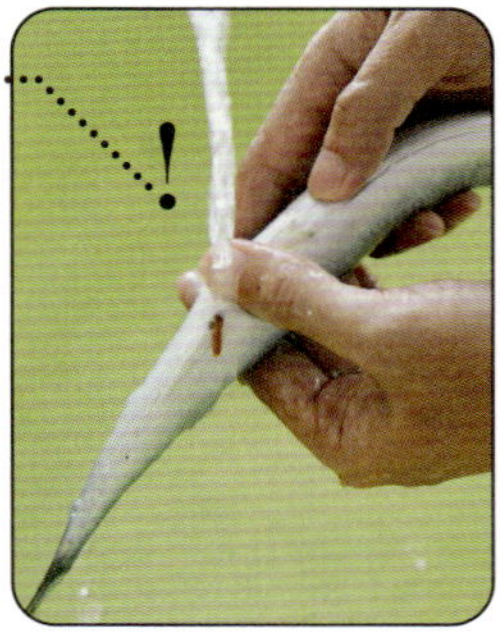

腸の中の汚れを押し出して洗い流す。

下味の塩で臭みを取り、
焼く直前の塩でおいしさを引き出す。

作り方 2 塩を二度ふる

塩適宜を反対の手で受けて**まんべんなくふり、5〜15分冷蔵庫に置く。**さんまから出た水けを拭き、**さらに塩ふたつまみを全体にふる。**尾とひれに塩適宜をまぶしつけ、焦げを防ぐ。

作り方 3 グリルで焼く

魚焼きグリル（両面焼き）※にさんまを並べ、7〜8分焼く。器に盛り、**2分ほどおいて余熱で火を通す。**大根おろしとすだちを添え、大根にしょうゆ適宜をかける。
（1人分249kcal、塩分1.7g）

※片面焼きの場合は中火で2〜3分温め、盛りつけたときに表になるほうを下にして4分焼き、上下を返して4〜5分焼く。

これで差がつく！

里いもの煮っころがし

ぬめりを残し、

味のコントラストを楽しむ

なぜそうする？

里いもの煮っころがしは、表面だけに味をしみさせ、中は里いも本来のおいしさを味わう料理。そのために必要なのが、里いものぬめりです。**ぬめりが煮汁にとろみをつけ、里いもにからみやすくなる**のです。ぬめりを残すため、皮は下ゆで後にむきましょう。里いもの繊維は縦に走っているので、横方向にむけば繊維が切れずにスルッとむくことができます。

里いもの下準備ができたらあとは煮汁で煮るだけ。下ゆでしているので、煮る時間は10分強です。短時間で表面に煮汁を含ませるため、**沸騰している状態をキープ**してください。煮汁が焦げないよう、ときどき鍋を揺すりながら煮つめて。作り方③の写真のように鍋肌に里いもの跡が残る程度になったら完成です。「汁けがほとんどなくなるまで」というよりは、**「汁けがちょっと残るまで」を意識する**ことで、煮汁を焦がさずに作ることができます。

里いもの煮っころがし

材料（4人分）

里いも（大）……6個（約700g）
〈煮汁〉
- 砂糖、しょうゆ……各大さじ1$\frac{1}{2}$
- 酒、水……各$\frac{1}{2}$カップ
- ごま油……小さじ1

下ごしらえ

➡里いもはよく洗い、鍋に入れる。かぶるくらいの水を加え、中火にかける。沸騰したら弱火にし、10分ほどゆでて水にとり、粗熱を取る。上下を少し切って皮をむき、4～6等分に切る。

皮はゆでてからむき、ぬめりを生かす。

作り方 1

鍋に材料を入れて煮立てる

鍋をさっと洗い、里いもと煮汁の材料を入れて強火にかけ、煮立てる。

まずは中火で
短時間煮る。

作り方 2　落としぶたをして煮る

中火にし、**落としぶた**※**をして**5分ほど煮る。

※オーブン用シートを鍋の口径に合わせて円形に切ったもの。

汁けは少し残すくらいに
煮つめる。

作り方 3　さらに煮つめる

落としぶたを取って強めの中火にし、ときどき鍋を揺すりながら、**汁けが少し残るくらいまで**さらに8分ほど煮つめる（清潔な保存容器に入れ、冷蔵で3～4日保存可能）。

（1人分106kcal、塩分1.0g）

これで差がつく！

かきフライ

かきは揚げる前に さっと下ゆでしておく

なぜそうする？

かきフライをふっくらと仕上げるためには、とにかく**水分を閉じこめる**ことが大切です。かきには「生食用」と「加熱用」がありますが、じつは鮮度ではなく海域と処理の違い。加熱するなら、うまみの濃い「加熱用」を選ぶのがよいでしょう。片栗粉をまぶして汚れを落としたら、塩を加えた**熱湯で30秒ほどゆでます。**身が固まって、ころもがつけやすくなり、**水分が出にくくなります。**ころもは、小麦粉とバッター液で**二重にコーティング**してから、パン粉をまぶして。柔らかいかきには、繊細な口当たりの目の細かいパン粉が合います。揚げるのは高めの中温で2分ほど。**揚げすぎも水分が出て身が縮まる原因**です。大きな泡が立ちはじめたら、水分が出てきたしるし。取り出して余熱で火を通しましょう。つけ合わせにはキャベツより食感の軽いレタスと、さっぱりといただけるわさびじょうゆがおすすめです。

かきフライ

揚げる前に
下ゆでし、
冷水でさっと
冷やす。

作り方 1

かきを熱湯でさっとゆでる

鍋に水1ℓと塩10g（小さじ2弱）を入れて沸かし、かきを1〜2個ずつ入れて30秒ほどゆでる。冷水にとり、すぐに取り出してペーパータオルで水けをしっかりと拭き取り、こしょう少々をふる。

材料（2人分）

かき（むき身・加熱用）……10個
〈バッター液〉
　溶き卵……1個分
　小麦粉……30g
　牛乳……大さじ1
レタスのせん切り……適宜
レモンのくし形切り……適宜
片栗粉　塩　こしょう　小麦粉
パン粉　サラダ油　しょうゆ
練りわさび

下ごしらえ

⇨かきはボールに入れ、**片栗粉大さじ1をまぶして、もまずにやさしく全体を混ぜる。** 特にひだは開いてそっとこする。片栗粉が灰色に変わればOK。別のボールに水を入れ、手早く振り洗いして片栗粉を落とす。ペーパータオルで水けをしっかり拭き取る。

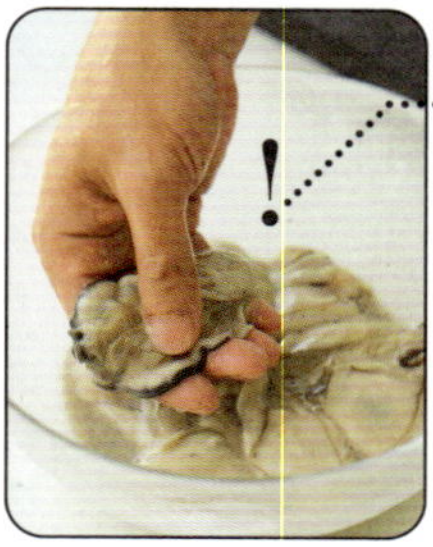

汚れは片栗粉に吸着させる。

作り方 **2**

ころもをつける

ボールにバッター液の材料を入れ、粉っぽさがなくなるまで泡立て器で混ぜる。かき全体に小麦粉を薄くまぶし、余分な粉は払い落とす。**1個ずつバッター液にくぐらせ、粉が隠れるようにまんべんなくからめる。** パン粉40gをまぶす。

小麦粉とバッター液のダブル使いで水分を閉じこめる。

作り方 **3**

½量ずつ揚げる

揚げすぎず、余熱で火を通す。

フライパンにサラダ油を高さ2㎝くらいまで入れて高めの中温（180°C。P2参照）に熱し、②のかきを½量ずつ入れる。**最初はさわらず、ころもが固まってきたらときどき上下を返しながら、2分ほど揚げる。** 揚げすぎると水分が出てくるので注意。取り出して2〜3分おき、余熱で火を通す。器に盛り、レタス、レモンを添え、小皿にしょうゆ、わさび各適宜を入れて添える。

（1人分468㎉、塩分2.2g）

これで差がつく！

ふろふき大根

面取りせず、
レンジで加熱する

なぜそうする？

まずは大根の下ごしらえから。皮の近くは繊維が多く、口当たりがよくないので、厚めにむきます。皮から2㎜くらいのところに境目が見えるので、そこを目安にむいてください。むいた皮は、きんぴらにしたりポン酢に漬ければおいしくいただけます。

通常は**面取りをすることが多いと思いますが、ふろふき大根では不要です。**面取りは、見た目をよくするためであり、味とは無関係。大根は煮くずれしにくい野菜なので、大根どうしがぶつかって角が取れることもありません。次が大事なポイント。**ゆでる前にレンジで加熱し、大根の水分を抜きます。**これで大根にだしをたっぷり吸わせることができるのです。その後は水から加熱を。**昆布のうまみは60℃付近から出はじめるため、水からゆっくりと温度を上げましょう。**昆布だしでゆでた大根は炒めものや煮ものへのアレンジも楽しめるので、多めに作って保存しても。

ふろふき大根

作り方 **1**

大根をレンジで加熱する

レンジで下ゆですると
味がよくしみる。

耐熱皿に大根を並べ、ふんわりとラップをかけて**電子レンジで4分ほど加熱**し、そのまま粗熱を取る。

材料（作りやすい分量）

大根	$\frac{1}{2}$本（約500g）
〈昆布だし〉	
昆布（5×10cm）	1枚（約4g）
酒	$\frac{1}{2}$カップ
水	$3\frac{1}{2}$カップ
〈肉みそ〉	
牛ひき肉	50g
みそ	大さじ2強（約40g）
豆板醤《トウバンジャン》	小さじ$\frac{1}{4}$
砂糖、酒	各大さじ3
粉山椒	適宜

下ごしらえ

⇨大根は幅2.5cmの輪切りにし、皮を厚めにむく。

水からゆでて、
昆布のうまみを引き出す。

作り方 2

昆布だしでゆでる

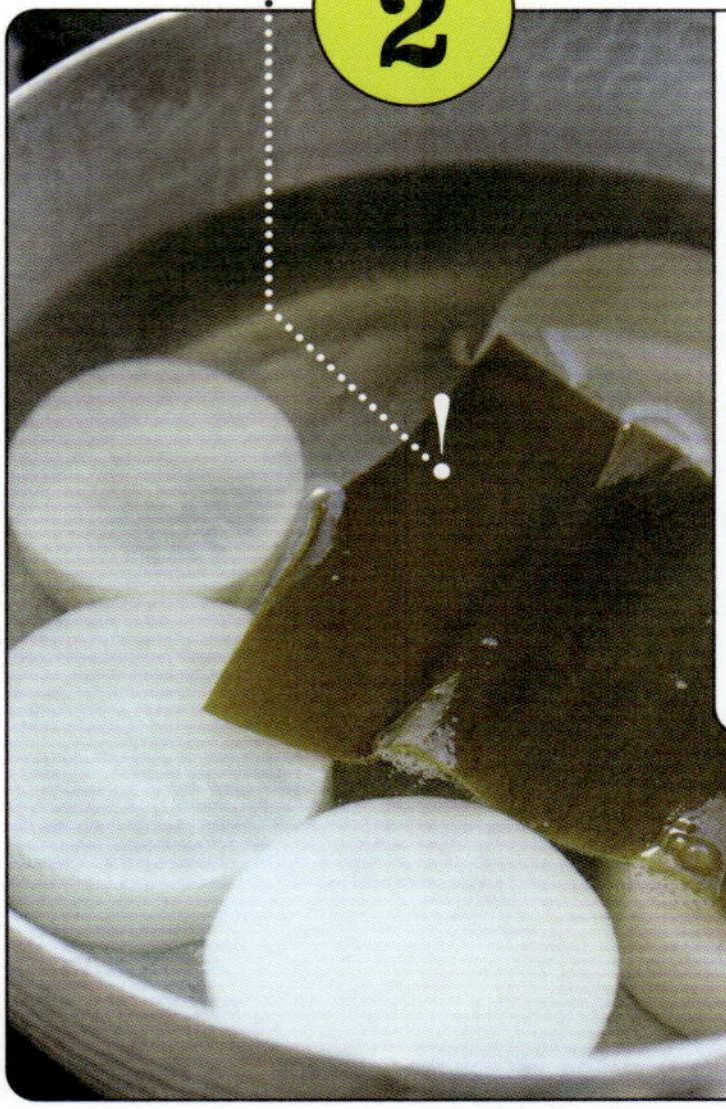

鍋に大根と昆布だしの材料を入れて中火にかける。煮立ったら弱火にし、竹串がすーっと通るまで20〜30分ゆでる（清潔な保存容器に汁ごと入れ、冷蔵で3〜4日保存可能）。

作り方 3

肉みそを作る

小鍋にひき肉を入れて中火にかける。ひき肉から脂が出て香ばしい香りがしたら、残りの肉みその材料を加え、鍋をこそげながら混ぜる。へらでなぞると鍋底が見えるくらいまで2分ほど煮つめ、火を止めて粉山椒をふり、さっと混ぜる。器に大根を盛り、肉みそをかける。

（1/6量で63kcal、塩分0.9g）

これで差がつく!

雑煮

1.5番だしをとり、餅はフライパンで焼く

なぜそうする？

雑煮には「1.5番だし」がおすすめ。沸騰直前に昆布を取り出し、削り節を加えてひと煮立ちさせたものを「一番だし」、一番だしのだし殻の昆布と削り節を水から煮出した濃厚なものを「二番だし」といいます。前者は香りが強く、後者はうまみが強い。この2つの特徴を生かすのが「1.5番だし」。**弱火で適度に煮出すので、香りを残しつつ、うまみも引き出せるというわけです。**

おいしいだしがとれたら、雑煮には欠かせない餅の出番。フライパンで焼くと、網にくっついたり焦げるといった失敗が少なく、ふたがあるので蒸し焼きも可能。**蒸し焼きにすることで、つきたてのようなおいしさ**になるのです。餅に水がかかると溶けてしまうので、フライパンのあいたところに水を入れて蒸しましょう。

細かい話ですが、他の具材は盛りつけしやすいように、鍋に入れるときも混ざらないようにするのがポイントです。

雑煮

材料（2人分）

〈だし汁（作りやすい分量）〉
- 昆布（羅臼昆布や真昆布など）……5g
- 削り節……10g
- 水……1ℓ

〈具材〉
- 鶏もも肉（小）……½枚（約100g）
- 小松菜……½わ（約100g）
- にんじん……½本（約80g）
- 生しいたけ……2個
- 三つ葉……½束

切り餅……2個

酒　しょうゆ　塩

下ごしらえ

➡だしをとる。鍋に昆布と水を入れ、弱めの中火にかける。鍋の底から泡が浮かんできたら、削り節を加え、弱火で3分ほど煮る。火を止め、ボールで受けた万能こし器にペーパータオルを敷き、だしを注いでこす（清潔な保存容器に入れ、冷蔵で3～4日保存可能）。

➡にんじんは皮をむいてせん切りにする。

➡三つ葉は2本をにんじん用に取り分け、残りは長さ3～4cmに切る。

➡しいたけは軸を切り、半分に切る。

➡鶏肉は余分な脂肪を除き、一口大のそぎ切りにする。

作り方 1

具材の用意をする

鍋にたっぷりの湯を沸かし、にんじん用の三つ葉をさっとゆでて取り出す。続けて小松菜を根元から入れて30秒ほどゆで、水にとって（湯は捨てない）絞り、根元を切って長さ4cmに切る。同じ湯に鶏肉をさっとくぐらせて表面に火を通す（中まで通さなくてよい）。にんじんを2等分にしてそれぞれゆで三つ葉で縛り、両端を切って形を整える。

水分を補いながら焼くことで、
つきたてのおいしさに。

作り方 2 餅をフライパンで焼く

餅は横に半分に切る。フライパンを中火で1分ほど温め、餅を並べる。**餅にかからないように水大さじ1を入れ、ふたをして弱火で2分ほど蒸し焼きにする。**ふたを取って餅を返し、焼き目がつくまで中火で2〜3分焼く。

作り方 3 具材を煮て、盛る

鍋に三つ葉以外の具材、だし汁3カップと酒、しょうゆ各大さじ1、塩ひとつまみを入れ、中火にかける。沸いてきたら弱火にし、3〜4分煮る。三つ葉を加えて火を止め、②の餅を入れた器に等分に盛る。
（1人分251kcal、塩分1.8g）

これで差がつく！

鶏だんご鍋

肉だねに湿らせたパン粉を混ぜる

なぜそうする？

鶏だんご鍋では、主役の鶏だんご、ごぼうとねぎ、水菜の食感の違いを意識しました。鶏だんごは、ひき肉だけでは堅くなってしまうので、**水を吸わせたパン粉を加えてふわふわ食感をめざします。**これはハンバーグを作るときに、牛乳を吸わせたパン粉を混ぜるのと同じ考え。水分を補い、ふんわり柔らかな仕上がりに。

次はごぼうとねぎ。**ごぼうは風味がよく、柔らかなささがきにします。**包丁の刃先を使えば、刃の入る角度が浅くなり、薄くて軽やかなささがきが作れます。ごぼうもねぎもくったりとさせたいので、肉だねといっしょに少し煮ましょう。

このとき、**昆布は入れっぱなしにしないように。**昆布のぬめりがうまみを吸着してしまうので、取り出して他の料理に使ってください。仕上げに水菜をのせて完成です。水菜は途中で追加しながらいただくと、よりシャキッとした食感を楽しめます。

鶏だんご鍋

作り方 **1**

肉だねを作る

大きめのボールに**パン粉と水大さじ3を入れて混ぜる。**残りの肉だねの材料を加え、手でよく混ぜる。

パン粉のおかげでふわふわ柔らかに。

材料（2～3人分）

〈肉だね〉
- 鶏ひき肉……300g
- 卵……1個
- しょうがのすりおろし……小さじ1
- 生パン粉……50g
- 小麦粉……大さじ½
- 塩……小さじ⅓（約2g）

〈鍋つゆ〉
- 昆布（10×15㎝）……1枚（約10g）
- しょうゆ、みりん……各大さじ3

ごぼう……½本
水菜……½わ
ねぎ……1本
ゆずこしょう、あればかんずり®
……各適宜

下ごしらえ

➡水菜はざく切りにする。

➡ねぎは焦げ目がつくまでじか火であぶり、長さ3㎝の斜め切りにする。

➡ごぼうはよく洗い、縦に十字に切り目を入れる。包丁でそぐようにして薄切りにする（ささがき）。

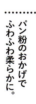

作り方 2

鍋つゆを作り、肉だねを加える

鍋に水1ℓと昆布を入れて中火にかける。**煮立ったら昆布を取り出し、**しょうゆとみりんを加える。片方の手で肉だね適宜を握り、親指と人さし指の間から2〜3cm絞り出し、スプーンですくい取って鍋に落とし入れる。残りも同様にする。

作り方 3

他の具も加えて煮る

鍋にごぼうとねぎを加えて再び煮立たせる。弱めの中火にし、肉だねに火が通るまで5分ほど煮て、水菜をのせる。ゆずこしょうや、あればかんずり®を添える。
(1/3量で332kcal、塩分4.1g)

〈コラム〉

知っておくと便利な副菜

コールスローサラダ

作り置きもできて、洋風の献立に活躍

キャベツの水けは絞らず、ペーパータオルで押さえればOK。絞らないことで繊維がこわれず、時間がたってもシャキシャキ感をキープできます。

材料（２人分）

- キャベツ……$\frac{1}{4}$個（約200g）
- 玉ねぎ……$\frac{1}{2}$個（約100g）
- にんじん……$\frac{1}{3}$本（約50g）
- 〈ドレッシング〉
  - マヨネーズ……大さじ4弱（約45g）
  - 牛乳……大さじ1
  - 砂糖……ひとつまみ
- 塩　粗びき黒こしょう

キャベツは強く塩もみしなくてOK。繊維をこわさないよう、ざっとあえる程度で。

作り方 **1**

キャベツは長さを半分に切って細切りにし、塩2g（約小さじ⅓）をふって、ざっと混ぜる。玉ねぎは横に薄切りにして塩1g（ひとつまみ）をふり、ざっと混ぜる。ともに15分ほどおく。にんじんは皮をむき、斜め薄切りにしてから縦にせん切りにする。

作り方 **2**

まな板にペーパータオルを敷いてキャベツを広げ、上からもペーパータオルをかぶせて押さえ、水けを取る。玉ねぎは水洗いし、ペーパータオルで包んで水けを絞る。

玉ねぎは洗ってから水けをしっかり絞る。絞ることで特有の辛みが抜ける。

作り方 **3**

ボールにドレッシングの材料を混ぜる。キャベツ、玉ねぎ、にんじんを入れ、あえる。器に盛り、粗びき黒こしょう適宜をふる。
（1人分207kcal、塩分1.2g）

小松菜のごまあえ

お弁当にも便利。他の青菜にも応用できる

小松菜は**ペーパータオルで表面の水けを取るくらいで大丈夫！**　強く絞りすぎると、繊維がこわれて余分な水けが出てしまいます。

材料（2人分）

- 小松菜……1わ（約200g）
- 〈あえごろも〉
  - 白すりごま……大さじ3
  - しょうゆ……大さじ1
  - 砂糖……大さじ½
- 白いりごま……適宜

切ってからゆでるほうが、茎→葉の順にゆでるのが簡単で失敗がない。

作り方 **1**

小松菜は根元に十字に切り目を入れて流水で洗い、長さ4㎝に切って、茎と葉に分ける。鍋にたっぷりの湯を沸かし、小松菜の茎を30秒ほどゆでる。葉を加えて15秒ほどゆで、冷水にとる。

作り方 **2**

ざるに上げて水けをきり、バットにペーパータオルを敷いて小松菜をのせる。上からもペーパータオルで押さえ、水けを取る。

混ぜすぎると、小松菜から水けが出て味がぼやける。全体にからめばOK。

作り方 **3**

ボールにあえごろもの材料と小松菜を入れ、あえる。器に盛り、いりごまをふる。

（1人分104㎉、塩分1.4g）

きゅうりとわかめの酢のもの

さっぱり味で、和食の箸休めにぴったり

きゅうりはできるだけ薄く切って塩をふり、さっと混ぜるだけ。自然に水けが出るので、あとはかるく絞ればOK。

作り方 1

きゅうりは両端を切って薄い輪切りにし（あればスライサーでもOK）、ボールに入れる。**塩1.5g（約小さじ¼）をふってさっと混ぜ、5分ほどおく。**わかめは水に5分ほどつけてもどし、水けをきる。

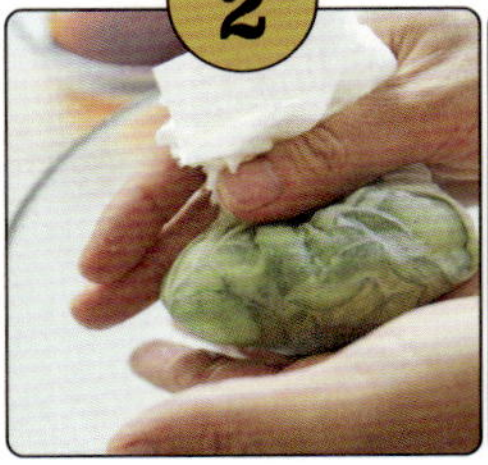

作り方 2

三杯酢の材料を混ぜる。きゅうりを**ペーパータオルで包み、かるく押さえて水けをきる。**ボールの水けを拭いて戻し入れ、わかめを加えてさっと混ぜる。三杯酢を加えてあえ、器に盛ってしょうがをのせる。

（1人分29kcal、塩分1.7g）

材料（2人分）

きゅうり（大）……1本（約150g）
カットわかめ（乾燥）……2g
〈三杯酢〉
しょうゆ……大さじ1
砂糖、酢（あれば米酢）……各大さじ½
しょうがのすりおろし……適宜
塩

PART

4

「ひと皿ごはん」も、おいしくなきゃ嫌だ

お昼ごはんやがんばれない日の夕食などに食卓に上る機会が多いのが、ご飯もの、麺類などの「ひと皿ごはん」。忙しい人ほど頻繁に食卓に登場させているはず。雑な気持ちで作るよりも、せっかくだから毎回おいしく作って、楽しい食事で自分を励まそう。

これで差がつく！

スパゲティナポリタン

麺をゆでたら、冷蔵庫で放置してふやかす

なぜそうする？

スパゲティナポリタンは日本生まれ。通常のパスタ（P138～146）とは別の考え方で作ります。炊きたてのご飯と同じく、外側は適度な歯ごたえがあり、中心はもっちりとした食感が好まれます。まずは、中心まで柔らかくなるよう、袋の表示よりも長めにゆでて。普通はそのままソースをからめますが、ここでひと手間。**ゆでた麺を冷水にとってしめ、冷蔵庫に置きます。**こうすることで、麺のでんぷんが中心まで水を吸い、ぷりぷりに。そして炒めるときは、焼きつけるようにして外側を固めます。これで日本人好みの歯ごたえと、もちもちとした食感が生まれます。

ナポリタンで失敗しやすいのが、ソースがぼそぼそしてしまうこと。こくを出し、ケチャップの酸味をとばすためにしっかり炒めたいところですが、しっとりもはずせない。そこで、**ソースを2回に分けて加え、加熱しすぎるのを防ぎます。**

スパゲティナポリタン

作り方 1 材料を炒める

フライパンにサラダ油大さじ1を中火で熱し、ソーセージ、マッシュルームを炒める。ソーセージに火が通ったら、玉ねぎ、ピーマンを加えてさらに炒める。

材料（2人分）

スパゲティ	180〜200g
ウインナソーセージ	5〜6本
玉ねぎの薄切り	½個分
ピーマン	1個
マッシュルーム	4個
〈ナポリタンソース〉	
トマトケチャップ	100g
中濃ソース	大さじ½
パセリのみじん切り	適宜
塩　サラダ油　バター	
粗びき黒こしょう	

下ごしらえ

⇨鍋に湯約1ℓを沸かし、塩15g（大さじ1弱）を入れる。スパゲティを広げ入れ、袋の表示時間より1分ほど長めにゆでて、冷水にとってよくしめる。水けをしっかりきり、サラダ油大さじ½をまぶして**冷蔵庫で30分以上（できれば3時間）〜一晩置く。**

⇨ピーマンは縦半分に切ってへたと種を取り、縦に細切りにする。

⇨マッシュルームは石づきを切り、幅5㎜に切る。

⇨ソーセージは斜めに幅5㎜に切る。

⇨ナポリタンソースの材料を混ぜる。

作り方 2 ソースの½量を加えて炒める

玉ねぎがしんなりとしたら具を寄せ、あいたところにソースの½量を加える。ソースがふつふつしたら全体を混ぜ、**ソースが少し焦げつくまで炒める。**

最初のソースはしっかり炒める。

作り方 3 スパゲティを加えてさらに炒める

残りのソースはさっとからめる。

スパゲティを加えて全体を混ぜ、焼きつけるように炒める。**残りのソースとバター10g、粗びき黒こしょう適宜を加えて**火を止め、全体を混ぜる。器に盛り、パセリをふる。

（1人分674㎉、塩分3.0g）

これで差がつく！

親子丼

黄身の1つは残しておく。白身はほぐしすぎない

なぜそうする？

親子丼のおいしさのひとつに、卵の固まりぐあいがあります。**白身はしっかりと固まり、黄身はとろりとした部分があるのが理想。**それを失敗なく実現するレシピを考えました。

ポイントは卵の溶き方。**黄身の1個分は溶きほぐさずに残しておき、仕上げの直前につぶしてとろりとした部分を作ります。**そして、残りの卵も**均一に混ぜすぎない**こと。固まった白身となめらかな黄身が混在しているほうが食感に変化がつき、味が単調になりません。

また、**鶏肉の大きさも重要。**小さめに切るとご飯と具材に一体感が出ておいしく感じられます。ただし、肉に火があっという間に入って堅くなりやすいので、煮汁を弱火で煮立たせたらすぐに火を止め、あとは**余熱で火を通しましょう。**煮汁の温度を下げないように、卵を常温にもどしておくことも大切です。

親子丼

鶏肉が堅くならないように、
余熱で火を通す。

作り方 1

鶏肉を煮る

鶏肉は余分な脂肪と太い筋を取り除き、縦に4等分に切ってから**幅1cmのそぎ切りにする。**鍋に煮汁の材料と鶏肉を入れ、弱火にかける。煮立ったらアクを取って火を止め、**5分ほど余熱で火を通す。**

材料（2人分）

卵……………………………**4個**
鶏もも肉（小）………**1枚（約200g）**
〈煮汁〉
- **昆布（5×5cm）**……………**1枚**
- **しょうゆ、みりん**………**各$\frac{1}{4}$カップ**
- **砂糖**………………………**大さじ2**
- **水**…………………………**$\frac{1}{2}$カップ**

温かいご飯
…………**どんぶり2杯分（約400g）**
もみのり、貝割れ菜………**各適宜**

下ごしらえ

➡卵は常温にもどし、ボールに割り入れる。黄身は1つを残して木べらでつぶす。白身と黄身が完全に混ざらないように全体をかるく混ぜる。

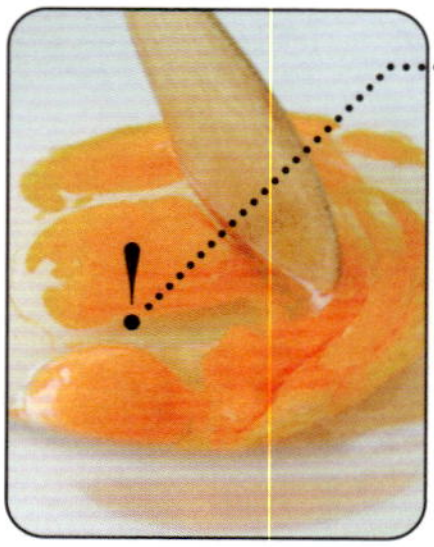

1つ残した黄身が、
とろりとした食感を生む。

作り方 2

卵を加えて煮る

昆布を取り除き、再び中火にかける。煮立ったら卵を加え、半熟状になるまで火を通す。

作り方 3

黄身をつぶして仕上げる

残した黄身は最後につぶし、
とろとろ食感に。

残していた黄身をつぶし、火を止める。器にご飯を盛り、卵と鶏肉をすくって½量ずつのせる（煮汁は残す）。のりと貝割れ菜を添える。

（1人分755㎉、塩分2.6g）

これで差がつく！

レタスとハムの炒飯

卵でご飯をコーティングし、
切るように炒める

なぜそうする？

お店のようなぱらりとした炒飯、あこがれますよね。ですが、炒飯には230℃近い高温と強い火力が必要。家庭でお店と同じに作ることは、ほぼ不可能です。普通のコンロとフライパンでいかにお店の味に近づけるか、ポイントを解説します。

炒飯の最大の敵は、ご飯からの「粘り」。それを避けるためには**冷やご飯が好都合です。**冷やご飯は表面の水分がとんで粘りが失われた状態。ただ、冷たいままだとフライパンの温度が下がるので、レンジで温めてから炒めます。

炒める順番も大事。**まず卵を広げ入れ、すぐにご飯を加えてからめます。**卵のたんぱく質が固まるときにご飯の表面の水分を抱え込むので、粘りを防ぐことができるんです。また、ご飯を乱暴に炒めると、粒がつぶれて粘る原因になります。木べらを立てて切るように混ぜるのが正解です。

レタスとハムの炒飯

材料（2人分）

冷やご飯……350g
卵……2個
レタスの葉……4枚（約80g）
ロースハム……4枚（約50g）
ねぎ（青い部分も含む）……½本（約50g）
サラダ油　塩　しょうゆ
粗びき黒こしょう

下ごしらえ

➡耐熱のボールにご飯を入れ、ふんわりとラップをかけて電子レンジで1分30秒ほど加熱する。

➡レタスは長さ4cm、幅1cmくらいに切る。

➡ねぎ、ハムはそれぞれ粗いみじん切りにする。

➡卵は溶きほぐす。

作り方 1

ご飯に卵をからめながら炒める

フライパンにサラダ油大さじ1～2を中火で熱し、溶き卵を加えて全体に広げる。**すぐにご飯を入れて**大きく混ぜる。

油はやや多めのほうが卵とご飯を炒めやすい。

ご飯は乱暴に炒めず
木べらを立てて切るように。

作り方 2

切るように炒める

卵が全体にからんだら、ご飯がつぶれないよう**木べらで切るようにして**ほぐしながら2〜3分炒める。

レタスは水けが出ないよう、
加えたらすぐに火を止める。

作り方 3

レタスを加えて仕上げる

ハム、ねぎを加えて30秒ほど炒め、塩3g（約小さじ½）、しょうゆ小さじ½で調味する。**レタスを加えて火を止め、さっと混ぜる。**粗びき黒こしょう適宜をふり、器に盛る。
（1人分489kcal、塩分2.6g）

これで差がつく！

牛丼

牛肉は一度取り出し、煮汁だけを煮つめる

なぜそうする？

牛丼のおいしさは、白いご飯と甘辛く煮た具の味のバランスにあります。**具の味が薄いとぼやけた印象になってしまうので、濃いめのほうが、ご飯といっしょに食べたときにおいしく感じられます。**ただ、長く煮つめると、牛肉に火が通りすぎて堅くなってしまうのが難点。それを解消したのが、ここでご紹介する作り方です。

まず、玉ねぎはある程度火を通したいので先に煮はじめます。そこへ牛肉を加えて1分ほど煮たら取り出します。たった1分!?と思われるかもしれませんが、煮汁を煮つめている間に余熱で火が入るので問題なし。この**余熱調理こそ、肉を柔らかく仕上げるポイント**です。

あとは残った煮汁を煮つめて牛肉を戻し入れれば、肉はパサつかず、**絶妙な味の濃さの具**が完成するというわけです。

牛丼

食感がなくならないよう
弱火で3分煮る。

作り方

1 玉ねぎを煮る

鍋に煮汁の材料を混ぜ、玉ねぎを入れて中火にかける。煮立ったら**弱火にし、3分ほど煮る。**

材料（2人分）

- 温かいご飯……どんぶり2杯分（約400g）
- 牛こま切れ肉……200g
- 玉ねぎ……½個（約100g）
- 〈煮汁〉
  - みりん……¾カップ
  - しょうゆ、白ワイン（甘めのもの、なければ酒）……各¼カップ
  - しょうがのすりおろし……小さじ½
- 温泉卵……2個
- 万能ねぎの小口切り……適宜

下ごしらえ

➡玉ねぎは縦に薄切りにする。

作り方 2　牛肉を煮て、取り出す

牛肉を加えてほぐし、中火にして1分ほど煮る。**牛肉をいったん取り出す**（玉ねぎが多少混ざっていてもよい）。

作り方 3　煮汁を煮つめ、肉を戻し入れる

煮つめる時間は1〜2分が目安。味見して調節を。

強火にし、鍋に残った煮汁をアクを取りながら煮つめる。味をみて、やや濃いと感じるくらいになったら、牛肉を戻し入れて混ぜ、火を止める。どんぶりに盛ったご飯にのせ、煮汁適宜をかける。温泉卵を1個ずつのせ、万能ねぎを散らす。

（1人分838kcal、塩分2.6g）

これで差がつく！

ソース焼きそば

麺は炒めず焼く。

野菜は味つけしない

なぜ そうする？

焼きそばは、**いかに野菜から水けを出さないかが成功のポイント**です。そのカギになるのが、炒めずに「焼く」こと。特に野菜は加熱しすぎると水分が出るので、途中で一度混ぜるだけにとどめます。また、家庭のフライパンはお店の鉄板と違って面積が小さく、効率的に水分をとばすのがむずかしいため、**具と麺を別々に加熱します**。

まずは豚肉。フライパンに広げ入れ、塩をふって動かさずに、こんがりと片面だけ焼き色をつけます。そこに野菜を加えたら、1分ほど焼き、取り出します。混ぜるのは途中1回だけ。**野菜に味つけしないのもポイント**で、塩分の浸透圧で水分が出るのを防ぎます。次は麺。袋の表示には、ほぐれやすくするために水を加えると書かれていますが、ソースの水分があれば充分。**動かさずによく焼くことで麺の水分を抜き、もっちりとした食感に**します。

ソース焼きそば

材料（2人分）

- 中華蒸し麺……2玉
- 豚バラ薄切り肉……100g
- キャベツ……¼個（約200g）
- にんじん（大）……½本（約100g）
- ピーマン……3個
- 〈調味用ソース〉
  - 中濃ソース……大さじ5
  - しょうゆ……大さじ1
- ごま油　塩

下ごしらえ

➡キャベツは一口大に切る。

➡にんじんは皮をむいて長さを半分に切り、縦に幅1cmに切ってから縦に薄切りにする。

➡ピーマンは縦半分に切ってへたと種を取り除き、縦3〜4等分に切る。

➡豚肉は長さ4cmに切る。

➡中華麺は袋のまま電子レンジで50秒ほど加熱する。

➡調味用ソースの材料を混ぜる。

作り方 1

豚肉を焼き、野菜を加えて焼く

フライパンにごま油大さじ1を入れ、豚肉を広げ入れる。塩少々を全体にふって中火にかけ、**しっかりと焼き色がつくまで動かさずに焼く。**野菜を広げてのせ、動かさずに30秒ほど焼く。底から返すように全体をざっと混ぜ、再び動かさずに30〜40秒焼いて、いったん取り出す。

しょうゆを入れると香ばしさが加わり、
格段においしく。

作り方 2 麺を焼き、調味する

同じフライパンにごま油大さじ1を中火で熱し、中華麺を並べ入れる。**動かさずに焼き、こんがりと焼き色がついたら裏返す。**調味用ソースを回し入れ、麺をほぐしながらからめる。

作り方 3 具と合わせて仕上げる

①の豚肉と野菜を戻し入れ、全体をざっと混ぜて、器に盛る。

(1人分720㎉、塩分5.1g)

これで差がつく！

キーマカレー

炒めた焦げがうまみに。
強めの塩で味を決める

なぜそうする？

ひき肉を使ったキーマカレーは煮込み時間が短いので、思い立ったらすぐに作れます。**こくとうまみを出すために必要なのが「焦げ」を作る作業です。**

玉ねぎはふたをして弱火でゆっくり蒸し焼きにします。ふたの内側についた水滴が鍋の中に落ち、それが蒸発するときにまわりの熱を奪うため（気化熱）、温度が上がりすぎないのです。玉ねぎに火が通ってきたら、今度はふたを取って火を強め、さらに炒めて。**玉ねぎの糖分をカラメル化させます。**ひき肉は炒めるというより「焼く」イメージ。動かさずにしっかり焦げ目をつけます。**小麦粉を加えたら強火で炒め、鍋底に焦げの膜を作ります。**これをしっかりこそげながら炒め、トマトジュースを加えてからも、同様に鍋底の焦げを絶えずこそげ取りながら煮ます。焦げを上手に利用することで、深みのあるカレーの完成です。

キーマカレー

材料（2人分）

温かいご飯
……どんぶり2杯分（約400g）
合いびき肉……200g
〈香味野菜〉
- 玉ねぎ……½個（約100g）
- にんにくのみじん切り……1かけ分
- しょうがのみじん切り……1かけ分

カレー粉……大さじ2
トマトジュース（食塩不使用）
……1カップ
パセリのみじん切り……適宜
バター　サラダ油　小麦粉　塩

下ごしらえ

➡玉ねぎはみじん切りにする。

焼いた肉の脂がルウの役割を果たす。

作り方 1

香味野菜を炒め、ひき肉を焼く

鍋にバター20gを中火で溶かし、香味野菜をさっと炒める。**火を弱めてふたをし、ときどき混ぜながら10分ほど蒸し焼きにする。**ふたを取って中火にし、薄い茶色になるまで炒める。同時にフライパンにサラダ油大さじ1を中火で熱し、ひき肉を広げ入れる。**ほぐさずに焼き、焦げ目がついたら小さなかたまりごとに裏返し、**同様に動かさずに焼く。

玉ねぎは蒸し焼きにして香りを残す。

作り方
2
小麦粉を加えて炒める

鍋の底やまわりにできた焦げも
しっかりこそげて。

ひき肉を脂ごと香味野菜の鍋に加える。小麦粉大さじ2をふり入れて強火にし、**鍋底についた焦げをこそげながら1分30秒ほど炒める。**カレー粉を加えて弱火にし、さっと混ぜる。

作り方
3
トマトジュースを加えて煮る

トマトジュース、塩小さじ½を加え、鍋底の焦げを木べらでこそげるように混ぜながら10分ほど煮る。器にご飯を盛ってカレーをのせ、パセリをふる。
（1人分798㎉、塩分1.8g）

冷凍保存OK！

一度に食べきらない分は、冷凍用保存袋に小分けにして入れて平らにし、冷凍保存して。約1カ月おいしくいただけます。食べるときは冷蔵庫で自然解凍後、レンジまたは鍋で温めて。

〈コラム〉

パスタ名人になろう

少なめの湯でゆでて、あつあつをソースとからめる

パスタはおしゃれなイメージがありますが、実に合理的な食べ物。乾麺は手ごろで保存がきくし、材料が少なくてもわびしくならない、自炊者の強い味方です。

ここでは一度身につければ常に成功するようになる、パスタの秘訣をお届けしましょう。いちばん大切なのは、**オイルやソースと麺をいかに手早くなじませるか**ということ。まずはゆで方。家で1～2人分作るなら、たっぷりの湯ではなく、1ℓくらいでゆでるのがおすすめ。**相対的に湯に溶けるパスタのでんぷん質が増え、オイルやソースがからみやすくなります。**

そして**パスタが熱いうちにソースと合わせる**ことも大事。一度ざるに上げるとさめてしまうので、トングなどで取り出して鍋から直接ソースに入れ、熱いうちにあえましょう。

ペペロンチーノ から実践してみよう

材料（2人分）

スパゲッティーニ……160g
にんにくの薄切り……2かけ分
赤唐辛子
（半分に折って種を除く）……1本
パセリのみじん切り……大さじ1
塩　オリーブオイル

ゆで汁の塩分は約1.3%。
しっかり塩味を入れるから
仕上げの調味は不要。

作り方 1　パスタをゆでる

口径約20cmの鍋に**湯1ℓを沸かし、塩13g(小さじ2強)**を加える。パスタを袋の表示時間より30秒短くゆではじめる。

作り方 2　ガーリックオイルを作る

フライパンにオリーブオイル大さじ2、にんにくを入れて中火で熱し、泡立ってきたら弱火にして竹串がスッと刺さるまで炒める。赤唐辛子とパセリ、**パスタのゆで汁大さじ1を加えて混ぜ、とろりとしたら火を止める。**

作り方 3　パスタを加えて混ぜる

パスタがゆで上がったら**トングなどで取り出して**フライパンに加える。火を止めたままよく混ぜてから め、器に盛る。
（1人分425kcal、塩分2.1g）

トマトソースパスタ

プロ級の凝縮された味わい

トマトは多めの油で煮つめると、酸味がまろやかに。ぽってりと濃厚なソースにゆで汁とパスタを加えて乳化させ、ほどよい濃度に仕上げます。

材料（２人分）

スパゲッティーニ……160g
〈トマトソース〉
- カットトマト缶詰（400g入り）……1缶
- 玉ねぎ……¼個（約50g）
- にんにくの薄切り……1かけ分
- オリーブオイル……大さじ3
- 砂糖……小さじ1
- 塩……1.5g（約小さじ¼）

バジル……1パック（約18g）
塩

下ごしらえ

- ➡玉ねぎは横に幅6～7㎜に切る。
- ➡バジルは葉を摘み、飾り用に適宜取り分けておく。

作り方 1

ソースを作る

へらで底をなぞると線が消えないくらいまでしっかり煮つめる。

鍋に玉ねぎ、にんにく、オリーブオイルを入れ、中火で炒める。泡立ってきたら弱火にし、**玉ねぎが柔らかくなったら木べらで粗くつぶし**ながら炒める。残りのトマトソースの材料を加え、中火で7〜8分煮つめる。火を止め、バジルを粗くちぎって加える。

玉ねぎはつぶせるくらいの柔らかさになるまで炒め、甘みを引き出す。

作り方 2

パスタをゆでる

口径約20cmの鍋に**湯1ℓを沸かし、塩10g(小さじ2弱)**を加える。パスタを加え、袋の表示時間より1分短くゆではじめる。

作り方 3

パスタとソースをあえる

濃厚なソースにゆで汁を加えて乳化させ、ほどよい濃度に。

①の鍋を中火にかけ、パスタのゆで汁¼カップを加えて混ぜる。パスタがゆで上がったら、**トングなどで取り出して**鍋に加え、全体をあえる。器に盛り、取り分けたバジルをのせる。
(1人分532kcal、塩分2.4g)

ミートソーススパゲティ

短時間でこくうまを実現

材料を極限まで減らし、肉感が際立つミートソースに。**ひき肉は炒めずに焼きつけ**、煮込むときにほぐせば、味が抜けずパサつきません。

材料（2人分）

スパゲティ……160g
合いびき肉……250g
〈下味〉
- 牛乳……大さじ1
- 砂糖……小さじ1
- 塩……3g（約小さじ½）

にんにくのみじん切り……1かけ分
マッシュルームの水煮……1パック（約90g）
トマトジュース（食塩不使用）……1カップ
粉チーズ……大さじ2
オリーブオイル　小麦粉　塩
粗びき黒こしょう

下ごしらえ

➡ボールに下味の材料を混ぜて溶かし、ひき肉にふって10分以上おく。

作り方 1 ひき肉を焼きつける

炒めず焼きつけて、水分と油を逃がさない。

フライパンにオリーブオイル大さじ1を中火で熱し、ひき肉を入れてにんにくを散らし、小麦粉大さじ1をふる。**焦げ目がつくまで2分ほど焼き、上下を返してさらに1分30秒ほど焼く。**

作り方 2 トマトジュースを加えて煮る

トマトジュースで甘みと酸味を補う。

水けをきったマッシュルームとトマトジュースを加え、弱めの中火にする。ゴムべらで**ひき肉を一口大にほぐし、**ときどき混ぜながら10分ほど煮る。

作り方 3 パスタをゆでてあえる

粉チーズがソースとパスタをつなぐ。

鍋に**湯1ℓを沸かし、塩10g（小さじ2弱）**を入れる。パスタを入れ、袋の表示時間どおりにゆでて**トングなどで取り出し、**②のフライパンに加える。粉チーズを加えてあえ、器に盛って粗びき黒こしょう適宜をふる。
（1人分699kcal、塩分3.6g）

カルボナーラスパゲティ

とろりとからむ濃厚な卵ソース

ボールの中でソースとパスタをあえ、**パスタの熱でとろみをつける**方法なら、失敗しにくい。卵に火が入りすぎず、絶妙なとろみがつきます。**卵を室温にもどしておく**ことも大切なポイント。

材料（2人分）

スパゲティ……160g
卵（室温にもどす）……2個
ベーコン（ブロック）……70g
にんにくのみじん切り……½かけ分
パルミジャーノ・レッジャーノのすりおろし……大さじ4（約24g）
塩　オリーブオイル　粗びき黒こしょう

下ごしらえ

➡ベーコンは5㎜角の棒状に切る。

➡卵は口径約20㎝の耐熱のボールに溶きほぐす。

➡口径約20㎝の鍋に**湯1ℓを沸かし、塩12g（小さじ2）**を加え、パスタを袋の表示時間どおりにゆではじめる。

作り方
1
卵液を用意し、ベーコンを炒める

卵のボールにチーズを加えて混ぜる。フライパンにオリーブオイル小さじ1とにんにく、ベーコンを入れて中火にかけて炒める。にんにくが色づいたらパスタのゆで汁大さじ2を加えて混ぜる。

熱い状態でオイルに加えることで、パスタにベーコンの味がしっかり入る。

作り方
2
パスタをフライパンに加える
!

パスタがゆで上がったら、**トングなどで取り出して**①のフライパンに加えてさっと混ぜる。

熱いうちに混ぜすぎると、粘りが出てしまうので、最初は大きくゆっくり混ぜる。

作り方
3
卵液をからめる
!

②を熱いうちに卵液のボールに加え、**10秒ほどおいてからとろりとするまで全体を混ぜてからめる。**器に盛り、粗びき黒こしょう適宜をふる。

(1人分600kcal、塩分3.4g)

たらこスパゲティ

たらこに火を通しすぎないのが最大の秘訣。
ソースは加熱せず、ボールの中でからめます。
たらこの皮もあえて残すと味のアクセントに。

材料（２人分）

スパゲティ……160g
たらこ（大）…1はら（100〜150g）
にんにく……1かけ
青じその葉のせん切り……5枚分
塩　バター　酒　オリーブオイル

下ごしらえ

➡口径約20㎝の鍋に**湯1ℓを沸かし、塩10g（小さじ2弱）**を加え、パスタを袋の表示時間どおりにゆではじめる。

➡にんにくは縦半分に切る。

➡バター20gは2㎝角に切る。

➡たらこは一口大に切る。

作り方 1　たらこソースを作る

口径約20㎝の耐熱のボールの内側に**にんにくの断面をこすりつけて**香りをうつす。たらこと、酒、オリーブオイル各大さじ1を入れて混ぜ、バターを中央にのせる。

作り方 2　パスタとソースをあえる

高い温度で手早く混ぜ、味をからめる。

パスタがゆで上がったら**トングなどで取り出し、**①のボールに加える。バターが溶けて全体にからまったら器に盛り、青じその葉をのせる。
（1人分509㎉、塩分3.3g）

PART

5

ちょっと自慢できる得意料理があるといい

休日や記念日、ホムパなどで「おお!」と歓声が上がるメニューが出せると、作った自分もうれしくなる。春巻き、ステーキ、だし巻き卵など、得意料理になったら誇れるおかずも、コツさえつかんだらだれでもうまく作れる。気負わずにぜひ挑戦してみてほしい。

これで差がつく！

春巻き

ゆとりを持って巻き、低温で揚げる

なぜそうする？

春巻きがしなっとしてしまうのは、中の水分が多いため。**具を炒めてとろみをつけるのが一般的ですが、炒めずに生のまま使えば簡単。**この作り方でも片栗粉は使いますが、野菜が持つ水分や調味料で充分とろみがつくので、水をたす必要はありません。

巻き方のポイントは、皮の左右を具から指1本分くらいあけて折ること。空気が入らないようにギュッと巻くと**空気の逃げ場がなくなり、破裂の原因になるため、ゆとりを持って巻きましょう。**

じっくり水分を抜きながら揚げるため、低めの温度からスタート。170℃まで油を熱したら、一度火を止めます。この状態で春巻きを入れることで温度が約130℃まで下がっていきます。再び火にかけ、**弱火で徐々に温度を上げれば、中が高温になって破裂するのを防げますし、具にしっかり火が通ります。**上下を返すのはむずかしいので、おたまで油をかけながら揚げてくださいね。

春巻き

具に片栗粉をまぶすことで
水っぽくなるのを防止。

作り方 **1**

具を準備する

豚肉のボールに切った野菜と**片栗粉大さじ1を加え、しんなりするまで混ぜる。**

材料（10本分）

〈具〉

- 豚バラ薄切り肉……80g
- 白菜の葉……1枚（約100g）
- 生しいたけ……1個
- たけのこの水煮……60g

春巻きの皮……10枚

〈小麦粉のり〉

- 小麦粉、水……各小さじ2

塩　しょうゆ　ごま油　砂糖
片栗粉　揚げ油

下ごしらえ

➡白菜は葉としんに分け、縦に長さ5cmの細切りにする。

➡しいたけは軸を切って薄切りにする。

➡たけのこは長さを半分に切り、縦に細切りにする。

➡豚肉は細切りにしてボールに入れる。塩3g（約小さじ½）を混ぜ、しょうゆ、ごま油各小さじ1、砂糖小さじ2を加えてさらに混ぜる。

➡小さめの器に小麦粉のりの材料を混ぜる。

作り方 2

春巻きの皮で具を巻く

きつく巻かずに、
中の空気が逃げやすくする。

まな板に春巻きの皮1枚を角が手前になるように置き、手前に具の$\frac{1}{10}$量を横長にのせる。手前を1回折り、左右を具から指1本分ほどあけて内側に折る。手前から巻き、巻き終わりに小麦粉のりを少量塗って留め、巻き終わりを下にしておく。残りも同様に巻く。

小麦粉のりは、
巻き終わりに少量塗ればOK。

作り方 3

春巻きを揚げる

低温でじっくり揚げ、
水分を抜く。

揚げ油を低めの中温(170°C。P2参照)に熱し、火を止める。春巻きの$\frac{1}{2}$量を入れて弱火にかける。ときどきおたまで油をかけながら8分ほど揚げ、中火にして30秒ほど揚げて油をきる。一度火を止め、残りも同様に揚げる。

(1本分155kcal、塩分0.7g)

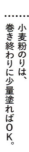

これで差がつく！

よだれ鶏

鶏肉を水圧法で密閉し、ゆでずに湯につける

なぜそうする？

ピリ辛の四川料理「よだれ鶏」は、鶏肉が主役。どう加熱するかでおいしさが決まります。

ポイントは鶏肉を**真空に近い状態で低温加熱する**こと。真空調理には専用の道具が必要なので、今回は保存袋で密閉しましょう。鶏肉を保存袋に入れたら、水に入れて空気をよく抜きます。口を閉じて水に入れたときにしっかり沈めば、空気が抜けたということ。この方法を水圧法と呼びます。

密閉により鶏肉のうまみや風味を逃がさずに加熱できるというメリットが。また、火を止めて余熱調理することでゆっくり肉の温度が上がって**ジューシーな仕上がりに**なるのです。鶏胸肉でも同様に作れるので、好みの部位を使ってください。

たれにもひと工夫として、ウーロン茶を入れています。**お茶に含まれる渋みの成分「タンニン」がたれにこくを出してくれます。**

よだれ鶏

密閉調理で
肉のうまみを逃がさない！

作り方 1

鶏肉を密閉する

ボールに水をたっぷりと入れる。水が入らないよう鶏肉の**保存袋を沈めて空気を抜き、**しっかりと口を閉じる。

材料（2人分）

鶏もも肉……1枚（約300g）
〈下味〉
　塩……1.5g（約小さじ¼）
　酒……大さじ1
〈たれ〉
　鶏肉の肉汁……大さじ1
　ウーロン茶、しょうゆ、酢……各大さじ2
　砂糖、白いりごま、
　　具入りラー油……各大さじ1
パクチーのざく切り……適宜

下ごしらえ

⇒耐熱の保存袋に鶏肉と下味の材料を入れ、10分ほどなじませる。

作り方 2 鶏肉を余熱で加熱する

鍋にたっぷりの湯を沸かし、①の鶏肉の袋を入れる。**すぐに火を止めてふたをし、25分以上おく。**肉汁はとっておく。

ゆでずに余熱で火を通すのが、パサつかない秘訣。

作り方 3 たれを混ぜて仕上げる

ウーロン茶がこくを出す。

たれの材料を混ぜる。鶏肉を横に幅2㎝のそぎ切りにする。器に盛ってたれをかけ、パクチーをのせる。

（1人分377㎉、塩分3.7g）

これで差がつく！

だし巻き卵

少量の片栗粉で、破れにくくなる

なぜそうする？

たっぷりのだし汁を含んだ、ふわふわの卵生地が魅力のだし巻き卵。お店のような**ジューシーさに仕上げるには、卵液に混ぜるだし汁の量をある程度まで増やす**必要があります。でも、卵液をゆるくすればするほど、巻くのにテクニックがいる、という問題が。

それを解決するのが、**卵液に加える少量の片栗粉。**つなぎの役割を果たすので、卵が破れにくくなり、巻く作業がぐんとラクに。

また、卵液は必ず最初に**充分に熱した卵焼き器**に流し入れることも大切。卵液をたらすと、すぐにジュッと音を立てて固まるくらいが目安です。最初から高温で加熱することで、ふっくらと仕上がります。僕が使っているような銅の卵焼き器は充分な油ならしが必要ですが、フッ素樹脂加工のものならペーパータオルで油を薄くひく程度でOK。卵焼きが大好きなかたは銅製のものを繰り返し使い、油をなじませて育てていくのも楽しいですよ。

だし巻き卵

材料（18×13㎝の卵焼き器1個分）

卵……3個
〈味つけだし〉
だし汁（P102参照、さましたもの）……60㎖
みりん……大さじ1
片栗粉、しょうゆ……各小さじ1
大根おろし……適宜
サラダ油

下ごしらえ

➡ボールに卵を割り入れ、空気が入らないように菜箸の先をボールの底につけたまま左右に動かして溶きほぐす。**味つけだしの材料を別のボールで混ぜてから加え、**さらに混ぜる。

片栗粉はだしで溶いてから卵と混ぜると溶けやすい。

作り方 1

卵焼き器を熱する

高温で加熱すれば、
水分が水蒸気となって膨張し、
ふっくら仕上がる。

卵焼き器の内側全体にサラダ油を薄く塗り、強めの中火で熱する。菜箸の先に卵液をつけて卵焼き器をこすると、**ジュッと音を立ててすぐ固まる程度まで**温度を上げる。

2回目以降の卵液は、
卵焼き器を傾けて
奥に寄せた卵の下にも流し込んで。

作り方 2

卵液を入れて焼く

卵液をもう一度混ぜてから$\frac{2}{3}$量を流し入れる。まわりが少し固まってきたら四隅から中心に向かって菜箸を動かしながら混ぜ、全体が半熟状になったら奥に寄せる。残りの卵液の$\frac{1}{2}$量を手前に加え、**卵焼き器を傾けて全体に広げ、奥に寄せた卵の下にも流し込む。**

菜箸を横から差し込めば、
卵をつかみやすく
破れにくい。

作り方 3

残りの卵液も加えて焼く

奥に寄せた卵の横から菜箸を差し込んで、手前に倒し、再度奥に寄せる。残りの卵液も同様に焼いて取り出す。温かいうちに食べやすく切って器に盛り、大根おろしを添える。

（$\frac{1}{2}$量で160kcal、塩分0.8g）

これで差がつく！

揚げだし豆腐

豆腐を1時間水きりし、
粉を2種類まぶす

なぜそうする？

揚げだし豆腐は豆腐の水分が肝。まずは水分がより出るように、切ってから**冷蔵庫に1時間以上置いてしっかり水きりを。**このとき、上から重しをしなくても余分な水が出ますし、一度豆腐から出た水が戻ってしまうことはないので安心して放置しましょう。水けをきったら、**表面の水分もペーパータオルで拭いておくと、ころもがはがれにくくなります。**

ころもは小麦粉と片栗粉の2種類を混ぜて使います。**小麦粉にはころもと豆腐を接着するのりの役割が、片栗粉にはカリッとさせる役割があります。**ころもを厚くつけると水分がたまってべちゃっとしてしまうので、薄くつけて上品に仕上げましょう。

ころもをまぶしたら、水分が出ないようにすぐに揚げて。揚げ上がりの見極めがむずかしいメニューですが、音と泡が大きくなったら水分が出たということ。これが揚げ上がりの合図です。

揚げだし豆腐

材料（2人分）

絹ごし豆腐……1丁（約300g）
しし唐辛子……4本
〈つゆ〉
　だし汁（P102参照）……1カップ
　しょうゆ、みりん……各大さじ2
大根おろし……100g
しょうがのすりおろし……少々
塩　片栗粉　小麦粉　揚げ油

下ごしらえ

➡豆腐は6等分に切り、ペーパータオルを敷いたバットにのせて塩ひとつまみをふる。ラップをせずに、**冷蔵庫に1時間ほど置く。**

「置くだけ」水きりで、べちゃつき防止。

➡しし唐辛子はへたを切り、包丁で縦に1本切り込みを入れる。

2種類の粉でカリッと!

作り方 **1**

油を熱し、豆腐に粉をまぶす

バットに**片栗粉大さじ1と小麦粉大さじ2を混ぜる。**フライパンに揚げ油を高さ3㎝まで入れ、低温（160～165℃。P2参照）に熱する。ペーパータオルで豆腐の水けを拭き、粉を薄くまぶす。

作り方 2
フライパンで揚げる

粉をまぶしたらすぐに豆腐を油に入れ、2分ほどたったら上下を返し、薄く色づくまで3分ほど揚げて油をきる。しし唐辛子はさっと揚げ、油をきる。

作り方 3
つゆを作って仕上げる

鍋につゆの材料を入れてひと煮立ちさせ、大根おろしを加えて火を止める。器に②の豆腐としし唐辛子を盛り、つゆをかけてしょうがを添える。

（1人分256kcal、塩分2.4g）

これで差がつく！

えびフライ

えびは重曹で洗い、押しつけて背中をのばす

なぜそうする？

えびは下処理を怠ると臭みが残りますし、油はねの原因にもなります。まずは塩と重曹をもみ込んで汚れを取りましょう。**塩は汚れを吸着し、重曹はえびをプリッとさせる効果があります。**

洗ったあとに、水分を拭くだけでは不充分。**尾の先や尾の真ん中にあるとがった部分に水がたまっている**ので、ここもきちんと処理しましょう。これで臭みが取れて、油はねも防げます。

洋食屋さんのえびフライを思い出してみると、くるんと丸まっているものはありませんよね。これは、**筋を切っているから。**えびをマッサージするように上から指で押すと、プチッと筋が切れる音がします。味に影響はありませんが、これをするとしないでは見た目に差が出てしまいます。

ちなみに、**タルタルソースは混ぜすぎ注意。**味が単調にならないよう、むらが残る程度に混ぜましょう。

えびフライ

塩と重曹をまぶして洗い、
ぷりぷりの食感に。

作り方 **1**

えびを洗う

えびは尾の1節を残して殻をむき、背わたがあれば取る。ボールに入れ、**塩小さじ1と重曹をふりかけて手でもみ込み、**流水で洗ってしっかりと水けを拭く。尾の先を5㎜ほど切り落とし、切り口に向かって尾を包丁の刃先でしごいて余分な水分を押し出す。

材料（2人分）

えび（ブラックタイガー・大・殻つき）……6尾
重曹（料理用）……小さじ½
〈卵液〉
- 溶き卵……1個分
- 水……大さじ1

〈タルタルソース〉
- ゆで卵（12分ゆでたもの）……1個
- 玉ねぎのみじん切り……¼個分（約50g）
- パセリのみじん切り……½束分（約15g）
- らっきょうの甘酢漬け……20g
- マヨネーズ……大さじ4強（約50g）

〈つけ合わせ〉
- トマトのくし形切り……½個分
- キャベツのせん切り、パセリ……各適宜

塩　小麦粉　生パン粉　揚げ油

下ごしらえ

➡ゆで卵は粗いみじん切りにする。

➡らっきょうはみじん切りにする。

➡玉ねぎはさっと水にさらし、ペーパータオルで水けを絞る。

➡タルタルソースの材料をボールに入れ、さっくりと混ぜ合わせる。

ソースはさっくり混ぜ、あえてむらを残す。

とがった部分を切り落とし、
臭みと油はね防止。

作り方 2 えびの筋を切る

えびの側面を上にしてまな板に置き、**尾の真ん中にある先がとがった部分を切り落とす。**えびの腹に浅く4本切り込みを入れる。背を上にし、**プチッと音がするまで指をずらしながら全体をまな板に押しつけ、筋を切る。**えびに塩少々をふる。

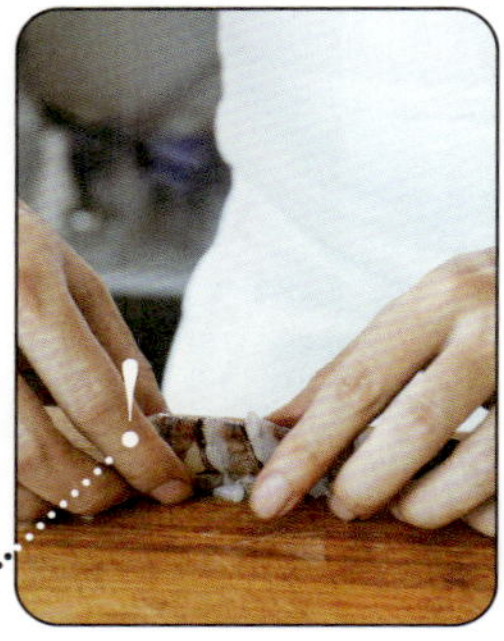

つぶれない程度の
力で押しつけ、
筋を切る。

作り方 3 ころもをつけて揚げる

ボールに卵液の材料を混ぜる。えびに小麦粉を薄くまぶして卵液にくぐらせ、パン粉60gをまんべんなくまぶす。フライパンに揚げ油を高さ2cmまで入れて高めの中温（180°C。P2参照）に熱する。えびの½量を入れ、途中上下を返しながら1分30秒〜2分揚げて油をきる。残りも同様に揚げる。器に盛り、つけ合わせを添えてえびフライにタルタルソースをかける。

（1人分518kcal、塩分1.9g）

これで差がつく!

オムレツ

塩と水を加え、高温で焼く

なぜそうする？

オムレツのポイントは卵の性質を知ること。卵の白身と黄身は固まる温度が異なるため、泡立て器でよく混ぜましょう。卵に塩を加えて少しおくと、色が濃く見えます。これは**塩の力でたんぱく質がゆるみ、卵に光が通るようになったから。**水を加えることでたんぱく質の構造がさらにゆるんで仕上がりがふんわりとします。牛乳を入れる人も多いと思いますが、**水を入れた方が卵がゆっくりと固まるので、よりとろりとした食感に**なります。

次に気をつけたいのがフライパンを130〜140℃にすること。バターがジュワジュワと泡立つくらいが目安です。**高めの温度で卵液の水分を蒸発させて気泡を作ることで、ふんわりとした仕上がりに**なるのです。卵が半熟状になったら、弱火にしたり火からおろしたりして、あわてずに形を整えて。耐熱のゴムべらを使うと作業がしやすいです。

オムレツ

材料（２人分）

〈卵液〉
- 卵……3個
- 塩……1g（ひとつまみ）
- 水……大さじ2

ベビーリーフ……適宜
バター　トマトケチャップ

作り方 1　卵液を作る

卵はボールに割り入れ、泡立て器でしっかりと溶き混ぜる。**塩を加えて15〜30分おき、水を加えて**かるく混ぜる。

塩を加えて放置すると、卵の色が濃くなったように見える。

作り方 2

混ぜながら焼き、半熟にする

フライパンにバター10gを入れ、中火にかける。**バターが泡立ってきたら**卵液を一度に入れ、耐熱のゴムべらでまわりから中心に向かって半熟状になるまで混ぜる。

バターが高温になったら卵液を入れる。

作り方 3

ゴムべらで形を整える

弱火にし、フライパンを傾けながら卵を奥に寄せ、木の葉形にまとめる。フライパンをひっくり返しながら器に移す。ベビーリーフを添えてトマトケチャップ適宜をかける。

（1人分146㎉、塩分1.1g）

フライパンのへりを使って、ひっくり返す。

これで差がつく！

ポテトコロッケ

たねは冷やし、粉は薄くつける

なぜそうする？

コロッケのじゃがいもは、ほくっとした食感になるレンジ加熱が向いています。じゃがいもの加熱と同時にたねに混ぜる具の準備を。ひき肉は炒めると肉汁が出てしまうので、小さなステーキを焼く気持ちでさわらずに焼きつけましょう。**じゃがいもが柔らかくなったら、半分は粗めに、残りは細かくつぶし、食感を残しつつなめらかな仕上がりをめざします。**

成形後、すぐに揚げるのは要注意です。**揚げたときに、たねの中の水蒸気が膨張して破裂の原因に。冷蔵庫でしっかり冷やして温度を下げましょう。**ここでやっところもの出番。**小麦粉は厚いとはがれやすくなるため、薄くまぶせば充分**です。逆にパン粉は多めに。サクッとした食感を生むので、バットにたっぷり広げ、全体にしっかりまとわせます。たねにはすでに火が通っているので、ころもに色がつく程度にさっと揚げれば完成です。

ポテトコロッケ

材料（10個分）

じゃがいも……5〜6個（約650g）
合いびき肉……200g
玉ねぎのみじん切り……½個分
〈たね用〉
　バター……10g
　中濃ソース……小さじ1
　塩……1.5g（約小さじ¼）
　粗びき黒こしょう……適宜
〈卵液〉
　溶き卵……1個分
　牛乳……大さじ1
好みのつけ合わせ（P175参照）……適宜
生パン粉　小麦粉　サラダ油
中濃ソース

下ごしらえ

⇨じゃがいもはよく洗い、直径約20cmの耐熱皿にのせてラップをせずに電子レンジで5分ほど加熱する。裏返してさらに5分加熱し、ふきんに包んで3〜4分おく。皮をむいてボールに入れ、熱いうちに**½量はフォークで細かく、残りは粗くつぶす。**

作り方 1

たねを作って成形する

しっかり冷やして破裂を防ぐ。

フライパンにひき肉を広げ入れ、中火にかける。焦げ目がつくまでさわらずに焼き、片側に寄せる。あいたところに玉ねぎを加え、しんなりするまで1分ほど炒める。たね用のバターと調味料を加えて混ぜ、じゃがいものボールに加える。よく混ぜ、10等分にしてたわら形に成形する。**冷蔵庫で30分以上冷やす。**

作り方 2

ころもをつける

パン粉はたっぷり
まぶしてサクサク!

小さめのボールに卵液の材料を混ぜる。パン粉70gをバットに入れる。**たねに小麦粉を薄くまぶす。** たね1個を片手で卵液にくぐらせ、反対の手でパン粉をかるくつける。残りも同様にする。手を洗ってさらにたねにパン粉をかぶせ、ふんわりと押さえるようにつける。

作り方 3

フライパンで揚げる

フライパンにサラダ油を高さ2㎝くらいまで入れ、低温（160℃。P2参照）に熱する。たねを5個入れ、こんがりとするまでときどきころがしながら3分ほど揚げ、油をきる。残りも同様に揚げて器に盛り、好みのつけ合わせ（下記参照）を添えて中濃ソース適宜をかける。

（1個分208㎉、塩分0.3g）

つけ合わせ

トマト1個はへたを取ってくし形に切る。キャベツの葉2～3枚はせん切りにして水にさっとさらして水けをしっかりきり、パセリのみじん切り大さじ1と混ぜる。ともに器に盛る。

これで差がつく！

ビーフステーキ

強火で何度も返し、短時間で焼く

なぜそうする？

ステーキの味は肉のランクがすべてと思われがちですが、手ごろな赤身の輸入牛でもおいしいステーキは作れます。赤身肉を焼くときは、**表面には香ばしい焼き目をつけつつ、中身はジューシーな柔らかさを保つ**ことが大事。その両方を実現するのが、「強火で何度も裏返す」という手法です。

肉のたんぱく質は約65℃で完全に固まって縮むので、肉の内部の温度が65℃になる手前で火を止める必要があります。**強火で肉を何度も裏返しながら焼けば、両面から熱が効率よく伝わるため、水分が蒸発する前に内部は適切な温度になるのです。**焼くときは1枚ずつが安全。まずフライパンの手前側で焼き、裏返すときは向こう側に返します。これを繰り返すことで、常に高温で香ばしく焼くことができます。あとは**余熱で肉汁を落ち着かせれば完成。**赤身肉は脂が少ないので、クリーム系のソースがよく合いますよ。

ビーフステーキ

材料（2人分）

牛肉（ステーキ用・アメリカまたはオーストラリア産・厚さ約1.5㎝のもの）……2枚（約400g）

〈ソース〉

- 生クリーム……¼カップ
- ウスターソース……大さじ1
- 粗びき黒こしょう……適宜

好みのつけ合わせ（P179参照）……適宜

塩　サラダ油　粗びき黒こしょう

下ごしらえ

➡牛肉の両面に肉の重量の0.8%の塩（3g、小さじ½強）をまんべんなくふり、**室温に20分以上置く。**表面に浮いてきた水けをペーパータオルで拭き取る。

塩をした肉を室温にもどしておく。

短時間で焼き、何度も返す。

作り方 1

裏返しながら焼く

1枚ずつ焼く。フライパンにサラダ油大さじ1を中火で熱し、少し煙が立つくらいになったら、肉を入れて火を強める。**20秒ごとに裏返しながら、**2〜3分焼く。

肉の側面にもきちんと焼き色をつけて。

作り方 2 側面を焼き、やすませる

最後にトングなどで肉を立てて持ち、側面を少し焼いてバットなどにのせる。**そのまま5分ほどおいてやすませる。**残りの肉も同様に焼き、やすませる。火を止めてフライパンの脂を拭く。

作り方 3 ソースを作る

フライパンにウスターソースを入れて中火にかけて煮立てる。生クリームを加えて再び煮立て、粗びき黒こしょうを加える。肉を戻し入れてからめ、好みのつけ合わせ（下記参照）とともに器に盛って粗びき黒こしょう適宜をふる。

（1人分506㎉、塩分1.4g）

つけ合わせ

市販のフライドポテト（冷凍）150gを凍ったままフライパンに入れ、サラダ油をかぶるくらいまで注ぐ。中火にかけ、5〜7分揚げる。最後に火を強めて10秒ほど色よく揚げ、油をきる。

これで差がつく！

ロールキャベツ

肉だねにご飯を混ぜると柔らかく仕上がる

なぜそうする？

ロールキャベツは、煮込み時間が長く、肉の水分が出やすいので、**水分を抱え込む役割として、肉だねにご飯を加えます。**パン粉も同じ働きをしますが、水分の吸収量がより多いのがご飯です。

ゆでたキャベツは**外側の葉以外はみじん切りにして、肉だねに混ぜる。**これも肉だねを柔らかくするポイントのひとつです。巻くときは、**ゆるく〈包む〉のではなく、きっちりと〈巻く〉**ことを意識して。最後に片側の葉を押し込めば、つま楊枝で留める必要はありません。

そして、動いて煮くずれしないように、**ぴったりのサイズの鍋を使うことが大切**です。ちょうどよい鍋がなければ、キャベツやブロッコリー、大根などの野菜を入れてすきまを埋めてください。

洋風もいいですが、クリーミーでこくがある白みその和風仕立てもおすすめ。練り辛子をつけてもよく合います。

ロールキャベツ

作り方 1

肉だねを作る

ご飯、牛乳を混ぜ、指先でご飯粒をつぶすようにしてなじませる。ボールにひき肉、塩を入れてかるく練り、残りの肉だねの材料を加えて、手で握るようにしてよく練り混ぜる。**下ごしらえしたキャベツのみじん切りを水けをかるく絞って加え、ゴムべらで混ぜる。**

ご飯は指先で粒をつぶすようにしてなじませて。

材料（2人分）

キャベツ……½個（約400g）
〈肉だね〉
- 合いびき肉……150g
- 玉ねぎのみじん切り……¼個分（約50g）
- 冷やご飯……40g
- 牛乳……大さじ2
- トマトケチャップ……大さじ1
- 塩……2g（約小さじ⅓）

だし汁（P102参照）……2½カップ
白みそ……100g
パセリのみじん切り……適宜

下ごしらえ

➡鍋にたっぷりの湯を沸かす。キャベツはしんをV字に切り取って鍋に入れ、おたまで湯をかけながら、**葉がはがれてしんなりとするまで3〜4分ゆでる。**冷水にとり、水けをしっかりと拭き取る。外側の大きい葉8枚をとり、しんを平らになるようにそぐ。そぎ取ったしんと、残りのキャベツはみじん切りにする。

作り方 2

葉で肉だねを巻く

下ごしらえしたキャベツの葉2枚を少し重なるように広げ、①の肉だねの¼量を中心より手前に置く。**手前からひと巻きし、葉の左側を内側に折って、最後まできっちりと巻く。葉の右側を内側に押し込む。**残りも同様に巻く。

最後に片側の葉を押し込めば、くずれない。

鍋にすきまなく、ぴったりと並べる。

作り方 3

じっくり煮る

口径約18㎝の鍋に②のキャベツを巻き終わりを下にして、すきまができないように並べ入れる。だし汁2カップを注ぎ入れ、強火にかける。煮立ったら弱火にし、落としぶたをして、30分煮る。白みそを煮汁（少なくなっていればだし汁½カップ）で溶いて加え、さらに10分煮る。器に盛り、パセリを散らす。

（1人分337㎉、塩分3.4g）

これで差がつく！

すき焼き

割りしたは80℃を保ち、肉の甘みを引き出す

なぜそうする？

すき焼きは日本生まれの、牛肉を楽しむ料理。奮発して〈いい肉〉を選んでください。網目状に脂が入っている、**いわゆるサシの入った国産牛か和牛が最適です。**和牛は「黒毛」などの4品種をさします。この本で紹介するのは、関東風すき焼き。名前に〈焼き〉とありますが、**実際の調理法は〈焼くと煮るの中間〉です。**

まずは1枚だけ肉を焼き、割りしたにうまみをうつします。この肉はあくまで味出しの一枚。それ以外の肉は、少なめの割りしたでゆっくりと火を通します。**これは、ミルクっぽい甘みを感じさせる「ラクトン」という成分が80℃で最も多くなるため。**牛肉のおいしさが最大限に引き出されるのが80℃なのです。

割りしたは少しずつたして、弱火でかるくふつふつしている状態をキープして。牛肉以外の具は、割りしたの温度を低く保ったり、煮つまるのを防いだりする役割もあるんですよ。

すき焼き

肉にからみやすいように
卵は泡立てておく。

作り方
1

卵を泡立てる

卵はボールに割り入れ、泡立て器でかるく泡立てる。

材料（2人分）

牛薄切り肉（ロースまたはももまたは肩ロース・すき焼き用）……300g
〈割りした〉
- みりん……1カップ
- 酒……½カップ
- しょうゆ……¼カップ

生しいたけの薄切り……4個分
まいたけ……1パック（約100g）
せりのざく切り……1束分
車麩……2個
卵……2個
牛脂（なければサラダ油）……少々

下ごしらえ

➡割りしたを作る。小鍋にみりん、酒を入れ、煮立ててアルコールをとばす。しょうゆを加えて火を止める。

➡まいたけは根元を切ってほぐす。

➡車麩はたっぷりの水に浸してもどし、水けを絞って4等分に切る。

作り方 2

牛肉を1枚焼き、割りしたを注ぐ

最初の牛肉は
うまみ出しの
一枚と割り切る。

すき焼き鍋に牛脂を入れてなじませ（なければサラダ油を薄くひく）、中火にかけて温める。牛肉を1枚広げ入れ、しいたけ、まいたけを加える。牛肉に焼き色がついたら上下を返し、割りしたを具がかるくつかるくらいまで注ぎ入れる。

作り方 3

残りの牛肉と具を加える

割りしたは少なめにし、
ぐつぐつ煮立たせない。

車麩と、残りの牛肉適宜を加え、弱火にして割りしたがかるくふつふつとしている状態を保つ。せりを加え、肉に火が通ったら①の卵につけていただく。牛肉、割りしたを適宜たす。

（1人分674kcal、塩分2.9g）

素材別料理INDEX

メインのおかず

肉

魚介

野菜

卵

豆腐

乾物・加工品

ご飯

麺

副菜

STAFF

アートディレクション
藤田康平（Barber）

デザイン
古川唯衣

撮影
福尾美雪
鈴木泰介（P50-53、P92-95、P140-141、P152-155）

スタイリング
阿部まゆこ

熱量・塩分計算
本城美智子

校正
みね工房
（藤田由美子、前田理子）

編集担当
谷本あや子

樋口直哉 ひぐち なおや

服部栄養専門学校卒業後、料理教室助手やフレンチレストラン勤務を経て料理研究家に。全国の食品メーカー、生産現場の取材記事を執筆。地域食材を活用したメニュー開発なども手がける。作家としても活躍し、2005年『さよなら アメリカ』（講談社）で群像新人文学賞を受賞し、デビュー。同作は芥川賞候補になる。主な著書に小説『大人ドロップ』（小学館・2014年映画化）、『スープの国のお姫様』（小学館）、料理書として『新しい料理の教科書』（マガジンハウス）、『ロジカル男飯』（光文社）などがある。

Instagram：@nao81519
X：@naoya_foodlab
note：https://note.com/travelingfoodlab

定番おかずの最適解、ここにあり！
読むだけで料理がうまくなる本

２０２５年４月８日　第１刷発行
２０２５年６月10日　第２刷発行

著者　樋口直哉
発行人　堀内茂人
発行所　株式会社オレンジページ
〒１０８-８３５７
東京都港区三田1-4-28 三田国際ビル
電話 ０３-３４５６-６６７２（ご意見ダイヤル）
０４８-８１２-８７５５（書店専用ダイヤル）

印刷・製本　ＴＯＰＰＡＮクロレ株式会社

ISBN 978-4-86593-744-2

https://www.orangepage.net

●本書は雑誌『オレンジページ』に２０２０年～２１年に連載された「樋口直哉さんの口うるさいレシピ」および２０２１年刊行のムック『樋口さん！　定番メニューをおいしく作るコツ 教えてください！』より記事を抜粋し、加筆・修正して新たな記事を加え、再編集したものです。